财经类新形态创新示范系列教材

品牌策划与推广实战

微课版｜第 2 版

张晓红 金宏星／编著

人民邮电出版社

北京

图书在版编目（CIP）数据

品牌策划与推广实战：微课版 / 张晓红，金宏星编著. -- 2版. -- 北京：人民邮电出版社，2023.8
财经类新形态创新示范系列教材
ISBN 978-7-115-62062-0

Ⅰ.①品… Ⅱ.①张… ②金… Ⅲ.①品牌－企业管理－高等职业教育－教材 Ⅳ.①F273.2

中国国家版本馆CIP数据核字(2023)第116296号

内 容 提 要

品牌是一种识别标志、一种精神象征、一种价值理念，是优异品质的核心体现。精定位、塑形象、重品质、巧传播是品牌建设的精髓。本书系统地阐述了在数字经济时代企业应如何进行品牌策划与推广，主要内容包括品牌认知、品牌定位、品牌形象、产品策划及品牌推广。本书从当前企业在品牌策划与推广过程中的实际需求出发，理论与实操并重，有利于读者系统地掌握品牌策划与推广的知识。

本书是《国家职业教育改革实施方案》中倡导使用的新型活页式教材，既可作为职业院校相关专业品牌策划、品牌推广、品牌管理类课程的教材，也可作为企业品牌建设管理相关从业人员的参考书。

- ◆ 编　著　张晓红　金宏星
  责任编辑　白　雨
  责任印制　王　郁　彭志环
- ◆ 人民邮电出版社出版发行　　北京市丰台区成寿寺路 11 号
  邮编　100164　电子邮件　315@ptpress.com.cn
  网址　https://www.ptpress.com.cn
  涿州市京南印刷厂印刷
- ◆ 开本：700×1000　1/16
  印张：11　　　　　　　　　2023 年 8 月第 2 版
  字数：217 千字　　　　　　2025 年 6 月河北第 7 次印刷

定价：49.80 元

读者服务热线：**(010)81055256**　印装质量热线：**(010)81055316**
反盗版热线：**(010)81055315**

FOREWORD

前 言

党的二十大报告中提到：坚守中华文化立场，提炼展示中华文明的精神标识和文化精髓，加快构建中国话语和中国叙事体系，讲好中国故事、传播好中国声音，展现可信、可爱、可敬的中国形象。众所周知，品牌是一个国家综合实力的象征和国家形象的重要组成部分。中国制造正在向中国创造转变，中国速度正在向中国质量转变，中国产品正在向中国品牌转变，中国经济逐渐从规模推动向创新驱动转型，品牌战略的地位和作用正在悄然转变，正在从辅助、支持向引领、支撑升级，推动高质量发展已经成为新时代中国品牌强国战略的主旋律。

品牌是企业的灵魂，是企业存在和延续的价值支柱。全球知名企业利用品牌影响力在全球组织研发、采购和生产，实施并购重组，主导国际标准制定，赢得更大的发展空间。随着新一轮科技和产业变革，拥有差异化的品牌竞争优势成为企业赢得市场的关键。企业只有通过打造品牌，才能实现由价值链低端向价值链高端的转变，从而获得竞争优势。

近年来，相关国家战略、政策的部署和实施为中国品牌崛起带来了新机遇，众多"老字号"重新回归市场，同时更多优秀的新兴品牌也出现在世界舞台上，被更多消费者接受和认可。现在，数字经济时代的发展带来了商业生态及品牌价值的整体变迁，如何顺应新媒体网络传播趋势，如何把握品牌领域未来的发展方向，既是对当下我国企业品牌建设的挑战，同时也为企业的品牌发展带来了机会。

本书的两位作者，一位是山东商业职业技术学院数字营销产业学院副院长张晓红，具有丰富的"品牌策划与推广"课程教学经验；另一位是山东蓝章企业营销策划有限公司（简称"蓝章策划"）创始人金宏星，具备多年的企业品牌策划实操经验。两位作者将教育教学规律与为众多大型企业提供系统品牌策划服务而积累的经验相融合，编著成此书。

基于作者对品牌的认知和读者需求的考量，本书具有如下特点。

● 系统性与实操性高度统合

从企业在品牌建设层面的实际需求出发，系统构建品牌、产品、渠道、传播等理论体系，并通过由蓝章策划实施的大量已经落地的案例来论证该理论体系。

● 知识点与真项目相结合

每个项目均包含课前自学、课中实训与课后提升3个环节。课前自学提供项目实操的知识体系储备；课中实训的他山之石与课后提升的学习案例均为真实企业案例。此外，活页式结构设计让本书内容既独立又系统。将所有"课前自学"合在一起，即为品牌策划与推广的理论体系；将所有"课中实训"合在一起，即为品牌策划与推广的实训体系；将所有"课后提升"合在一起，即为品牌策划与推广的案例集。读者可根据自己的需求，自主选择阅读、学习、使用。

● 高行动与高反思专创融合

本书建构了团队共创、主动学习、深度反思的专创融合教学模式，将企业真项目融合有效的实训设计，让读者在实际项目中寻找答案，使读者在行动中学习，在行动中反思，切实提升读者技能水平。

由于编者水平有限，书中难免存在不妥之处，恳请广大读者批评指正，在此深表谢意！

张晓红　金宏星

2023年5月

CONTENTS

目 录

项目一

品牌认知

⚐ 知识目标

1. 了解品牌的起源。
2. 理解品牌的定义。
3. 理解品牌的本质。
4. 理解品牌的作用。
5. 了解品牌构建需考虑的问题。

⚐ 能力目标

1. 能够对已有品牌的战略方向进行简要分析。
2. 能够对已有品牌的策略与策划进行简要分析。
3. 能够对已有品牌的落地执行策略进行简要分析。

⚐ 素养目标

1. 具有团队精神和协作能力，小组能够协调合作完成任务。
2. 具备良好的沟通交流和理解能力，能够有效表达观点并完成成果汇报展示。
3. 具有良好的信息素养和学习能力，能够运用正确的方法和技巧掌握新知识、新技能。
4. 具有独立思考和创新能力，能够掌握相关知识点并完成项目任务。
5. 具有深厚的爱国情感和民族自豪感，树立品牌意识、讲好中国品牌故事、树立中国品牌形象、提高中国品牌认知度。
6. 具有社会责任感和社会参与意识，认识到每一个中国人都是国家品牌的形象代言人。
7. 具有质量意识和工匠精神，品牌是质量、服务与信誉的重要象征，以匠心铸精品，以质量树品牌，让高品质成为中国制造的"金字招牌"。

思维导图 ↓

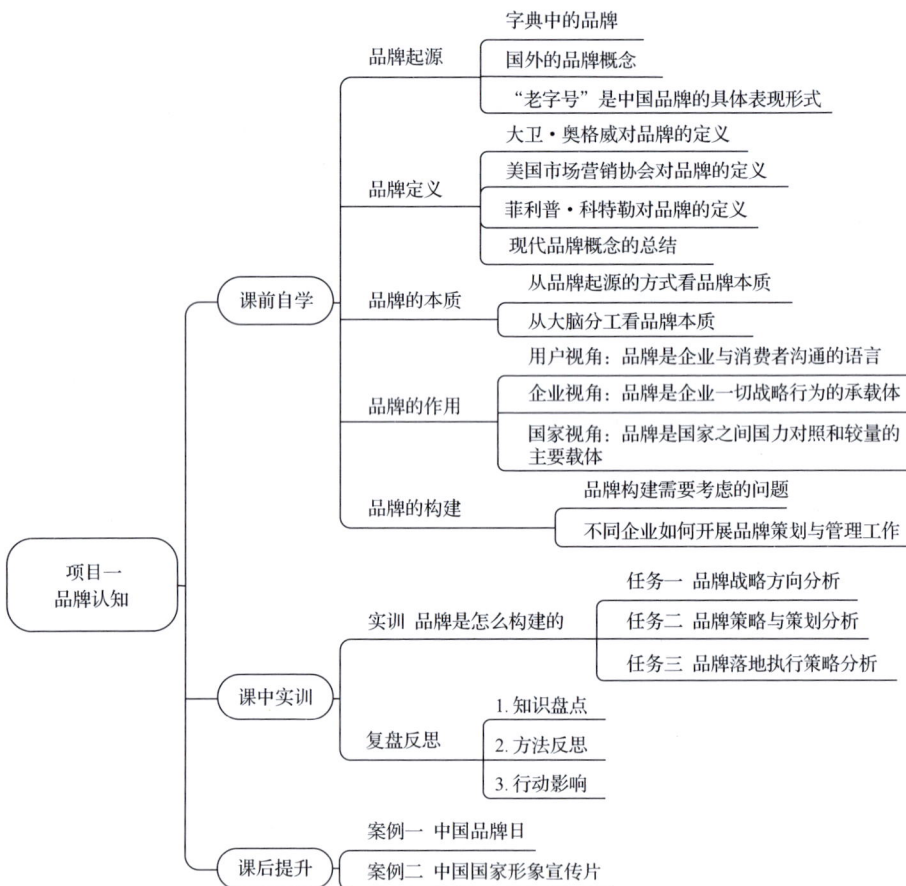

课前自学

一、品牌起源

我们从以下 3 个方面来介绍品牌起源。

1. 字典中的品牌

（1）古挪威文中的品牌"Brandr"

品牌（Brand），源出古挪威文"Brandr"，意思是"烧灼"。早年间，人们在其饲养的牲畜身上烙上一个印记，用这种方式来标记自家羊群，以区别他人家的羊群。

（2）《牛津大辞典》里的品牌"Brand"

品牌的英文 Brand 在《牛津大辞典》里，被解释为"用来证明所有权，作为质量的标志或其他用途"。

（3）《现代汉语词典（第 7 版）》里的"品牌"

《现代汉语词典（第 7 版）》对"品牌"的解释为"产品的牌子"，是用于标记自身产品的方法。

2. 国外的品牌概念

手工艺匠人用打烙印的方法，在自己的手工艺品上烙下标记，以便消费者识别产品的产地和生产者，这就产生了最初的商标，并以此为消费者提供担保，同时为生产者提供法律保护。

3. "老字号"是中国品牌的具体表现形式

春秋战国时期，商品交换促进了城市和集市的发展，也相继出现行商和坐商。坐商就是早期的商店，以布帘或木板为招牌，书写"字号"以区隔其他商家，这就是中国最早的商业品牌概念。

过去"字号"一般以"××堂、××斋、××号"等居多，如同仁堂、荣宝斋、宋聘号等，过去多为手书牌匾悬挂于门庭之上，图 1-1 所示为同仁堂牌匾。

图1-1 同仁堂牌匾

目前，我国现存一大批拥有世代传承的产品、技艺或服务的"老字号"，其品牌是在数百年商业和手工业竞争中留下的瑰宝。这些"老字号"是具有鲜明的中华民族传统文化背景和深厚的文化底蕴，取得社会广泛认同，形成良好信誉的品牌。国家商务主管部门从1991年就开始进行"中华老字号"的认定工作。

查一查

"中华老字号"产品品牌都有哪些？

🚶 **国牌风采**

传承三千年，一诺七十载：因坚守而卓越
——助力中华经济·铸就百年品牌

【关键词】传统文化；工匠精神；品牌创新

2022年1月，商务部等8部门联合印发的《关于促进老字号创新发展的意见》中提到，为推动老字号创新发展，充分发挥老字号在建设自主品牌、全面促进消费、坚定文化自信方面的积极作用，应加大老字号保护力度、健全老字号传承体系、激发老字号创新活力、培育老字号发展动能。

传承文化技艺三千载，坚守地道品质七十年。作为中医药文化名片和智慧结晶，东阿阿胶始终以品质为先。自1952年建厂以来，东阿阿胶在传承中不断创新，把"取其地、采其时、遵其古、炮其繁"的中药质量准则与现代质量管理体系相融合，构筑具有中医药特色的中华老字号质量文化。

自2015年以来，东阿阿胶连续7年荣登"健康产业药品品牌价值TOP50"榜首。实力的背后是日复一日的精进与沉淀，在时代的洪流中，东阿阿胶始终保持"传承+创新"的经营理念。2022年9月，由中央广播电视总台和山东省人民政府联合举办的"好客山东，好品山东"宣传推介活动在北京举行，在该活动中，东阿阿胶获得了首批"好品山东"形象标识授权书，如图1-2所示。

"让提高供给质量的理念深入每个行业、每个企业，使重视质量、创造质量成为社会风尚。"70年来，东阿阿胶对地道品质的坚守，既是传承中华优秀文化，践行中医药质量观的体现，更是对"共同创造美好生活"的有效保障，为老字号中药企业打造高质量水平品牌提供了可借鉴路径。

图1-2 "好品山东"形象标识授权书

二、品牌定义

1. 大卫·奥格威对品牌的定义

1955年，奥美广告公司的创始人大卫·奥格威从广告传播的角度首次提出了品牌形象理论。他认为"品牌是整体形象而不是细微的产品差异。"他指出："品牌是一个复杂的符号，它是一个无形的集合体，包括产品的品质、名称、包装、价格、历史、声望以及广告风格"。

在品牌形象理论影响下，市场上出现了大量优秀的、成功的广告。快餐品牌"麦当劳"和"肯德基"分别以"麦当劳叔叔"和"肯德基上校"的形象来体现品牌特点。

2. 美国市场营销协会对品牌的定义

1960年，美国市场营销协会（American Marketing Association，AMA）在其出版的营销词典中把品牌定义为："名称、术语、标记、符号，或设计，或是上述元素的组合，用于识别一个销售商或销售商群体的产品与服务，并使之与竞争对手的产品或服务区分开来"。根据这个定义，从理论上说，只要销售商创造了一个新的名称、标识，或者新的产品符号，也就创造了一个品牌。可以看出，这个定义仅仅强调了品牌的识别功能，并没有触及品牌的本质和内涵。

3. 菲利普·科特勒对品牌的定义

1994年，著名营销学家、被誉为"现代营销学之父"的菲利普·科特勒对品牌的概念进行了新的界定："品牌是销售者向购买者长期提供的一组特定的特点、利益和服务。品牌至少包含以下6个方面的内容：属性、利益、价值、文化、个性以及购买者。"这个定义较全面、完整地阐述了品牌概念的内涵。

4．现代品牌概念的总结

现代品牌概念，是一个以消费者为中心的概念，没有消费者，就没有品牌。简而言之，品牌就是消费者所体验的总和。品牌是一种能产生溢价和增值的无形资产，它是一系列名称、术语、象征、记号、设计及其组合，用于和其他竞争者的产品或服务进行区分，其增值的源泉来自消费者心中形成的关于品牌及其产品的印象和感受。

想一想

你理解的品牌是什么？你喜欢什么品牌？你为什么喜欢这个品牌？

_____

_____

三、品牌的本质

1．从品牌起源的方式看品牌本质

品牌的核心本质包含两个方面：一是区隔，二是保障。

（1）区隔

区隔指将自己公司的产品与竞争对手的产品进行区分、分隔。例如，这是什么产品？这是谁家的产品？

（2）保障

保障指向消费者提供品质的保证。例如，产品质量如何？服务是否有保障？

2．从大脑分工看品牌本质

美国心理生物学家斯佩里博士通过著名的割裂脑实验，证实了大脑不对称性的"左右脑分工理论"，因此荣获 1981 年诺贝尔生理学和医学奖。

该理论认为：人的左半脑主要负责逻辑理解、记忆、时间、语言、判断、排列、分类、分析、书写、推理、抑制、五感（视、听、嗅、触、味觉）等，思维方式具有连续性、延续性和分析性。因此，左脑被称作"意识脑""学术脑""语言脑"等。

人的右半脑主要负责空间形象记忆、直觉、情感、身体协调、视知觉、美术、音乐节奏、想象、灵感、顿悟等，思维方式具有无序性、跳跃性、直觉性。因此右脑被称作"本能脑""潜意识脑""创造脑""音乐脑""艺术脑"等，图1-3所示为人类大脑认知所产生的复合价值。

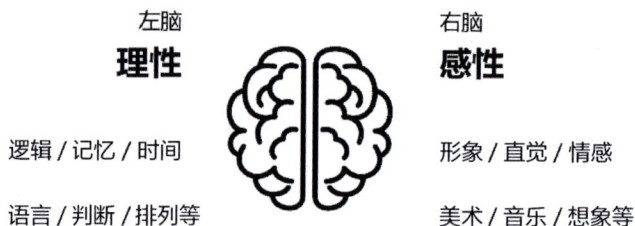

左脑	右脑
理性	**感性**
逻辑 / 记忆 / 时间	形象 / 直觉 / 情感
语言 / 判断 / 排列等	美术 / 音乐 / 想象等

图1-3　人类大脑认知所产生的复合价值

将"左右脑分工理论"放在现代商业经营层面来看,消费者的左脑会关注产品的物理特性和价格,右脑则对精神层面的内容更感兴趣。

一个企业所提供的产品,如果只有名称区隔和质量保障,仅仅只是完成了消费者左脑价值的塑造。在生产技术发达、产品同质化严重的今天,除了产品名称和质量外,产品外在的造型、色彩、材质,甚至声音、味道,以及感性知觉,都已经成为"95后""00后"消费者的重要决策依据。所以,左脑的质量区隔越来越小,右脑的感性价值越来越重要。

因此,只有让消费者的左右脑齐头并进,形成较为均衡的状态,完整的品牌价值才会得以体现,才能让消费者留下"心中的烙印、心智的标签"。

想一想

品牌是商标吗?品牌与商标是什么关系?

👤 **知识拓展**

月兔商标

中国宋代"济南刘家功夫针铺"的印刷广告是用铜版印制的,四寸见方,正中为白兔抱铁杵捣药的插图,相当于今天的商标。为了更好地讲解案例,广告中的文字均转化为现代简体字,广告从右至左依次写"认门前白兔儿为记",提醒人们认清白兔品牌。下方还有说明文字"收买上等钢条,造功夫细针,不误宅院使用;转卖兴贩,别有加饶,请记白"。意思是该产品选用的原材料是上等的钢条,并进行精工细做。正因如此,一般平民百姓是不适宜使用这种针的,故店主明确服务对象是宅院大户,并保证他们使用满意。店主在经营方式上欢迎大宗的批发生意,明确若有客商大量购买产品并贩往他乡,在价格上保证给予一定的优惠折让,并有白兔图案作为防伪标记。

这则广告图文并茂,内容翔实,文字简洁,印刷精美,显示了我国北宋时期生意人的品牌意识。其中正文仅用28个字,清楚地叙述了产品质量、服务对象、经营方式及促销手段等内容,令人叹为观止,如图1-4所示。

图1-4 济南刘家功夫针铺广告

四、品牌的作用

下面分别从用户视角、企业视角和国家视角来介绍品牌的作用。

1. 用户视角：品牌是企业与消费者沟通的语言

（1）底层：消费保障

消费者在购买一个品牌的产品前，一般都会考虑是不是假货？是否会有质量问题？是否会服务不到位？这时，消费者为了保障自己不受这些疑虑的困扰，往往会通过以往对该品牌积累的认知（或印象）来判断是否要购买。一个品牌过往的所有活动，都是在构建一个消费保障体系，让消费者一看到该品牌，就无须更多地顾虑质量与售后服务，这就是品牌的底层消费保障作用。

天猫——因其商家入驻的严格性，成为品牌真货的代名词。

顺丰速运——因其创造的极致消费者服务体验，成为安全、快速、可靠的代名词。

全棉时代——因其严苛精选优质棉花作为核心原材料的坚守，成为妈妈们的热衷选择。

（2）中层：价值匹配

品牌在塑造价值时，除了讲述产品质量等理性功能外，还会进行该品牌产品的应用环境价值传递，从而让消费者在使用产品时，取得良好的社会效应。

每个消费者都有自己的家庭与社会属性，都会产生价值匹配的消费意识。因此，企业在塑造品牌价值时，还要确定产品开发和经营的方向，明确自身价值，并进行价值传递，让消费者明确知晓该品牌是否与自己的家庭属性或社会属性相匹配。

李宁——作为国内知名运动品牌，近年来因其时尚感爆棚的国潮设计火速"出圈"，走向世界。

劳力士——因其对完善的执着，成为身份、地位和品位的象征。

小米——因其所蕴含的"极客精神"，受到年轻人热捧。

（3）顶层：美好向往

从马斯洛需求层次理论可以得到启示，消费者在满足基本层面的生活需求后，就会转向更高层面的精神追求，追逐内心美好的向往，而这一点是右脑所感兴趣的精神价值，几乎所有的知名品牌，都是在构建与传递精神层面的价值。

故宫文创——故宫文化创意产品通过无限创意和精致设计，将博大精深的传统文化传播给当代年轻人。

周大福珠宝——以恒久保持的核心价值"真诚·永恒"和成熟稳定的工艺，象征着真爱无价。

安麓酒店——深挖当地文化，极致发挥中式古典美学，融入符合国际标准的入住体验，成长为属于我国的高端酒店品牌。

想一想

找一个你已经消费或者购买过的品牌，想一想你为什么购买这个品牌？它的哪些价值点打动了你？

_____

_____

国牌风采

国潮新风，传统文化与科技的碰撞

——助力中华经济·打造"中国品牌"

【关键词】中国创造；文化自信；品牌引领

2016年6月，国务院办公厅印发了《关于发挥品牌引领作用推动供需结构升级的意见》（国办发〔2016〕44号），提出要宣传展示自主品牌，设立"中国品牌日"，凝聚品牌发展社会共识，营造品牌发展良好氛围。

李宁是1990年创立的专业体育品牌公司。作为我国领先的体育品牌公司之一，其拥有完善的品牌营销、研发、设计、制造、经销及零售能力。在"品级、品质、品位"的核心理念引领下，李宁不但实现了从"中国制造"到"中国智造"的运动科技创新，还向全世界展现了中国独有的文化元素，将国潮展现在四大时装周T台，实现了中国品牌到世界名牌的飞跃。

2022年4月英国知名咨询机构Brand Finance发布了年度品牌价值50强排行榜，李宁成为该榜单排名中品牌价值增长最快（68%）的品牌之一。

李宁的成功离不开国家综合实力的提升和对文化强国的重视。改革开放以来，我国经济实现了快速发展，"中国品牌"誉满全球。为了进一步践行品牌强国战略，自主品牌应继续发挥别出心裁的原创精神和精益求精的工匠精神，注重品牌内涵挖掘，将中国传统文化元素融入产品设计当中，实现从"中国制造"到"中国智造"与"中国创造"的转变。

2．企业视角：品牌是企业一切战略行为的承载体

（1）区隔竞品

每个企业无论大小，都有自己的发展战略。在商业战场上，首先需要树立一面旗帜，以区隔竞争对手。企业会依照自己的发展战略统筹安排资源配置，包括人力、物力、财力等，从产品研发、生产、物流、销售渠道、销售团队、售后服务、广告传播等各个环节去实施，让自己的品牌更具竞争力，从诸多竞争对手中脱颖而出，

从而被消费者关注，以实现既定的战略目标。因此，从企业视角而言，品牌是企业一切战略行为的承载体。

（2）价值传递

当企业所有的战略动作分解实施后，消费者能感知的信息有很多，如渠道卖场的空间感、产品质感、产品价格、品牌传递的价值观等，企业所有的战略动作都是在不断进行调整的。"品牌"是企业战略动作的综合体现，消费者对其他人传递品牌信息时，会罗列该品牌的优点，从而增加该品牌的市场竞争力。

想一想

品牌与营销之间存在什么关系？

_____

_____

3. 国家视角：品牌是国家之间国力对照和较量的主要载体

（1）品牌是企业乃至国家综合竞争力的重要体现

品牌是生产者和消费者共同的追求，是供给侧和需求侧升级的方向，是企业乃至国家综合竞争力的重要体现。在经济全球化的时代，世界性品牌的拥有量推动着各个国家的经济发展。加强品牌建设，有利于推动经济大国向经济强国转变，有利于满足消费者更高层次的物质文化需求。

（2）国家品牌是国家形象宣传的名片

国家品牌不仅包括实物形态的"硬产品"，还包括非实物形态的历史文化、风俗传统、政治制度、经济发展、管理服务水平、旅游及营商环境、国民特性和精神面貌等"软产品"。塑造国家品牌就是要弘扬国家主旋律，倡导时代新风尚，从而使国家品牌成为国家形象宣传的一张名片。

五、品牌的构建

1. 品牌构建需要考虑的问题

想一想

如果你是一个创业者，从无到有打造一个品牌，你会怎么做？

_____

_____

现在全世界大大小小的品牌数不胜数，但不管是什么品牌，都需要经历从无到有的过程。这个过程很复杂，但也有章可循。根据山东蓝章企业营销策划有限公司（以下简称蓝章策划）创始人金宏星先生多年在品牌策划领域的实战经验，总结出品牌构建需要考虑的9个问题，如表1-1所示。

表 1-1　品牌构建需要考虑的 9 个问题

归类	问题
战略方向	1. 想做什么生意?（行业）
	2. 想卖什么产品?（产品策划）
	3. 想怎么卖产品?（商业模式）
	4. 消费者在哪能买到?（渠道策划）
策略与策划	5. 有什么特点?（品牌策划、产品策划）
	6. 叫什么名字?（品牌命名、产品命名）
	7. 长什么样子?（品牌 VI 设计、产品造型设计、包装设计、终端形象）
落地执行	8. 消费者为什么选择?（整合营销传播）
	9. 消费者为什么再次 / 多次选择?（产品迭代、公关活动、渠道便利、产品促销）

　　品牌策划者面对的大部分项目都是对已有品牌或者产品进行优化，因此，大部分情况下，品牌策划者只需从品牌策略与策划的工作开始着手，根据企业目前的状态，确定品牌策划与管理工作的重点。

2. 不同企业如何开展品牌策划与管理工作

　　不同规模和类型的企业，由于其经营阶段、资源配置及产品特性的不同，决定了其品牌类事务的侧重点也会有所不同，如表 1-2 所示。

表 1-2　不同企业的品牌策划与管理工作

企业类型	首要工作	重要工作	常态工作	阶段性工作
大型企业	品牌管理	品牌整合传播		品牌延伸战略 品牌优化升级
中小型企业	新产品策划	品牌整合传播	品牌资产梳理 与管理	品牌优化升级
初创型 小微企业	品牌定位与 形象系统建设	产品策划与 物料设计	基于互联网的 品牌传播	
工业型 企业	品牌定位与形象 系统建设	上层公关与 定向传播		
服务型企业	品牌定位与形象 系统建设	打造 / 打磨 销售终端的 极致体验	品牌整合传播	

不同企业明确了如何开展品牌策划与管理工作后，将围绕企业在品牌类事务中的首要工作、重要工作、常态工作和阶段性工作的重点开展工作。本书将从品牌定位、品牌形象、产品规划和品牌推广 4 个方面，逐步展开对品牌策划与推广工作的介绍。

自学自测 ↓

一、单选题

1. 品牌单词 Brand，源出古挪威文 Brandr，意思是（　　　）。
   A. 印章　　　　　B. 烧灼　　　　　C. 痕迹　　　　　D. 标签
2. 国家商务主管部门从（　　　）年开始进行"中华老字号"的认定工作。
   A. 1990　　　　　B. 1991　　　　　C. 1995　　　　　D. 2000
3. 品牌形象理论是（　　　）提出的。
   A. 大卫·奥格威　　　　　　　　B. 詹姆斯·韦伯·扬
   C. 菲利普·科特勒　　　　　　　D. 凯文·莱恩·凯勒
4. 根据斯佩里"左右脑分工理论"，左半脑主要负责（　　　）。
   A. 逻辑　　　　　B. 直觉　　　　　C. 灵感　　　　　D. 美术
5. "现代营销学之父"是（　　　）。
   A. 大卫·奥格威　　　　　　　　B. 詹姆斯·韦伯·扬
   C. 菲利普·科特勒　　　　　　　D. 凯文·莱恩·凯勒

二、多选题

1. 品牌的核心本质包含（　　　）。
   A. 区隔　　　　　B. 信任　　　　　C. 保障　　　　　D. 质量
2. 根据斯佩里"左右脑分工理论"，右半脑主要负责（　　　）。
   A. 想象　　　　　B. 分类　　　　　C. 判断　　　　　D. 情感
3. 以下属于中国"老字号"的品牌有（　　　）。
   A. 同仁堂　　　　B. 张小泉　　　　C. 江小白　　　　D. 全聚德
4. 从用户视角来看，品牌的作用包括（　　　）。
   A. 消费保障　　　B. 价值传递　　　C. 价值匹配　　　D. 美好向往
5. 国家品牌包括（　　　）。
   A. 投资环境　　　B. 历史文化　　　C. 国民特性　　　D. 政治制度

三、判断题

1. "字号"是中国最早的商业品牌概念。（　　　）

2. 品牌是给拥有者带来溢价、产生增值的一种无形的资产。(　　)

3. 品牌增值的源泉来自消费者心中形成的关于品牌及其产品的印象和感受。
(　　)

4. 左脑会侧重物理特性和价格，右脑则对精神层面更感兴趣。(　　)

5. 品牌强则国家强。(　　)

四、简答题

1. 简述品牌的本质。
2. 简述用户视角下品牌的作用。
3. 简述企业视角下品牌的作用。
4. 简述国家视角下品牌的作用。
5. 简述品牌构建需考虑的问题。

课中实训

实训 品牌是怎么构建的

任务一 品牌战略方向分析

任务描述：学生以小组为单位，选择一个品牌作为研究对象，从品牌构建应考虑的问题着手，搜集整理选定品牌的相关资料，对该品牌的战略方向进行分析。请将研究结果做成展示PPT，并将要点记录在表1-3中。

表 1-3 品牌战略方向分析

研究目标	研究结果
该品牌做什么生意？ （行业分析）	
该品牌卖什么产品？ （产品策划）	
该品牌怎么卖产品？ （商业模式）	
消费者在哪里能买到该品牌产品？ （渠道策划）	

任务二　品牌策略与策划分析

任务描述：学生小组针对任务一的研究对象，继续查阅资料，对该品牌的策略与策划进行分析。请将研究结果做成展示 PPT，并将要点记录在表 1-4 中。

表 1–4　品牌策略与策划分析

研究目标		研究结果
该品牌有什么特点？	品牌策划	
	产品策划	
该品牌叫什么名字？	品牌命名	
	产品命名	
该品牌长什么样子？	品牌 VI 设计	
	产品造型设计	
	包装设计	
	终端形象设计	

任务三 品牌落地执行策略分析

任务描述：学生小组继续查阅该品牌资料，对该品牌的落地执行策略进行收集和分析。请将研究结果做成展示 PPT，并将要点记录在表 1-5 中。

表 1-5 品牌落地执行策略分析

研究目标		研究结果
消费者为什么选择该品牌？（整合营销传播）		
消费者为什么多次/再次选择该品牌？	产品迭代	
	公关活动	
	渠道便利	
	产品促销	

复盘反思 ↓

课中实训

1. 知识盘点：通过对品牌认知项目的学习，你掌握了哪些品牌知识？请画出思维导图。

2. 方法反思：在完成本项目学习和实训的过程中，你学会了哪些分析和解决问题的方法？

3. 行动影响：在完成本项目学习和实训的过程中，你认为自己还有哪些地方需要改进？

实训项目评价 ↓

技能点评价表

使用说明：

按评价指标评价项目技能点成绩，满分为 100 分。其中，作品文案为 80 分，展示陈述为 20 分。教师评价占比为 80%，学生互评占比为 20%。

	技能点评价指标	分值	得分
作品文案	对品牌所在行业判断的准确性	10	
	对品牌的商业模式判断的准确性	10	
	对品牌产品系列描述的准确性	10	
	对品牌所选渠道判断的准确性	10	
	对品牌与产品特点提炼的准确性	10	
	对品牌与产品命名及元素设计展示的完整性	10	
	对品牌整合营销传播策略描述的准确性	10	
	对品牌复购策略描述的准确性	10	
展示陈述	演讲专业程度（包括视觉辅助工具的使用，如 PPT）	5	
	语言技巧和非语言技巧	5	
	团队合作配合程度	5	
	时间分配	5	

素养点评价表

使用说明：

按评价指标评价项目素养点成绩，按优秀为 5 分、良好为 4 分、一般为 3 分、合格为 2 分、不合格为 1 分 5 个等级评价。分为学生自评与小组成员互评。

	素养点评价指标	得分
自评	团队精神和协作能力：能与小组成员合作完成项目	
	沟通交流和理解能力：能良好表达自己的观点，善于倾听他人的观点	
	信息素养和学习能力：善于搜集借鉴有用资讯和好的思路想法	
	独立思考和创新能力：能提出新的想法、建议和策略	
	品牌意识和责任精神：核心价值、意识信念与时代精神的提升	

续表

素养点评价指标		得分
组员1	团队精神和协作能力：能与小组成员合作完成项目	
	沟通交流和理解能力：能良好表达自己的观点，善于倾听他人的观点	
	信息素养和学习能力：善于搜集借鉴有用资讯和好的思路想法	
	独立思考和创新能力：能提出新的想法、建议和策略	
	品牌意识和责任精神：核心价值、意识信念与时代精神的提升	
组员2	团队精神和协作能力：能与小组成员合作完成项目	
	沟通交流和理解能力：能良好表达自己的观点，善于倾听他人的观点	
	信息素养和学习能力：善于搜集借鉴有用资讯和好的思路想法	
	独立思考和创新能力：能提出新的想法、建议和策略	
	品牌意识和责任精神：核心价值、意识信念与时代精神的提升	
组员3	团队精神和协作能力：能与小组成员合作完成项目	
	沟通交流和理解能力：能良好表达自己的观点，善于倾听他人的观点	
	信息素养和学习能力：善于搜集借鉴有用资讯和好的思路想法	
	独立思考和创新能力：能提出新的想法、建议和策略	
	品牌意识和责任精神：核心价值、意识信念与时代精神的提升	
组员4	团队精神和协作能力：能与小组成员合作完成项目	
	沟通交流和理解能力：能良好表达自己的观点，善于倾听他人的观点	
	信息素养和学习能力：善于搜集借鉴有用资讯和好的思路想法	
	独立思考和创新能力：能提出新的想法、建议和策略	
	品牌意识和责任精神：核心价值、意识信念与时代精神的提升	
组员5	团队精神和协作能力：能与小组成员合作完成项目	
	沟通交流和理解能力：能良好表达自己的观点，善于倾听他人的观点	
	信息素养和学习能力：善于搜集借鉴有用资讯和好的思路想法	
	独立思考和创新能力：能提出新的想法、建议和策略	
	品牌意识和责任精神：核心价值、意识信念与时代精神的提升	

课后提升

案例一　中国品牌日

2016 年 6 月，国务院办公厅印发了《关于发挥品牌引领作用推动供需结构升级的意见》（国办发〔2016〕44 号），提出要宣传展示自主品牌，设立"中国品牌日"，凝聚品牌发展社会共识，营造品牌发展良好氛围，搭建品牌发展交流平台，提高自主品牌的影响力和认知度，每年 5 月 10 日设立为"中国品牌日"。

"中国品牌日"标识为篆书"品"字为核心的三足圆鼎形中国印章图案，如图 1-5 所示。

图1-5　"中国品牌日"标识

"品"字一方面体现中国品牌日的"品牌"核心理念，表示开启品牌发展新时代；另一方面蕴含"品级、品质、品位"之意，象征品牌引领经济向高质量发展。

"鼎"是中华文明的见证，是立国重器、庆典礼器、地位象征。以"鼎"作为中国品牌日标识符号要素，象征品牌发展是兴国之策、富国之道、强国之法，彰显中国品牌声誉大名鼎鼎，中国品牌承诺一言九鼎，中国品牌发展迈向鼎盛之时。

"印章"是我国传统文化的代表，是易货的凭证、信誉的标记。以印章作为中国品牌日标识符号要素，体现了中国品牌重信守诺，象征着中国品牌发展的国家意志。

发展品牌经济，就是以新发展理念为指导，全面改善影响品牌发展的质量、创新、诚信、文化、人才、营销和环境等要素，推动产业结构调整，促进经济转型升级。

"中国品牌日"的设立，标志着"发挥品牌引领作用"对推动我国品牌建设具有非常重要的意义。

思考题

1. 请广泛查阅"中国品牌日"相关资料，并回答你从中认识了多少优秀的中国品牌？

_____

_____

2. 这些优秀的中国品牌给你带来什么启发？

_____

_____

_____

课后提升

案例二　中国国家形象宣传片

　　国务院新闻办公室启动中国国家形象系列宣传片的拍摄工作，该片是为塑造和提升中国繁荣发展、民主进步、文明开放、和平和谐的国家形象而设立的重点项目，是在新时期探索对外传播新形式的一次有益尝试。国家形象系列宣传片共分为两个部分，第一部分是时长30秒的电视宣传片，第二部分是时长15分钟的短纪录片。国家形象系列宣传片自立项以来，得到了社会各界人士的踊跃参与和民众的广泛关注。

　　2011年1月12日，国家形象宣传片的人物篇制作完成，1月17日亮相纽约时代广场。当天，一抹亮丽的"中国红"在高楼林立的纽约时代广场电子屏上格外显眼，6块电子显示屏同时播放宣传片，显示屏的侧面还有"感受中国"的英文字样，如图1-6所示。

图1-6　中国国家形象宣传片亮相纽约时代广场

　　在纽约时代广场执行巡逻任务的保安格雷格说，他一大早来纽约时代广场值班就看到这部宣传片被循环播出。他看了好几遍，觉得"很过瘾"。他对记者说："全世界都知道中国人民勤劳智慧，这部宣传片很好地展现了中国人的精神风貌，他们值得我们尊敬。"

思考题

　　1. 请广泛查阅资料，了解一下中国国家形象宣传片项目的立项背景。

_____

_____

　　2. 中国的每一件商品、每一个人都是中国国家品牌的形象代言人。你应该为中国的国家形象做出什么贡献？

_____

_____

项目二

品牌定位

知识目标

1. 掌握品牌现状分析的方法。
2. 掌握品牌定位的方法。
3. 掌握品牌人格化的方法。
4. 掌握品牌命名的技巧。
5. 掌握品牌广告语创作的技巧。
6. 掌握品牌故事的写作技巧。

能力目标

1. 能够分析品牌的目前形象与现状。
2. 能够使用品牌定位工具进行品牌定位。
3. 能够使用品牌人格化工具进行品牌人格化设计。
4. 能够使用品牌命名的技巧为品牌命名。
5. 能够进行品牌广告语的创作。
6. 能够进行品牌故事的撰写。

素养目标

1. 具有团队精神和协作能力，小组能够协调合作完成任务。
2. 具有良好的沟通交流和理解能力，能够有效表达观点并完成成果汇报展示。
3. 具有信息素养和学习能力，能够运用正确的方法和技巧掌握新知识、新技能。
4. 具有独立思考和创新能力，能够针对新项目的特点，应用品牌定位知识点完成项目任务。
5. 具有良好的道德准则和正确的价值观，品牌如人，人如品牌，有"德"有品方能立足。
6. 崇尚宪法、遵纪守法，品牌命名、广告语及品牌故事的设计应符合相应的法律法规。

思维导图 ↓

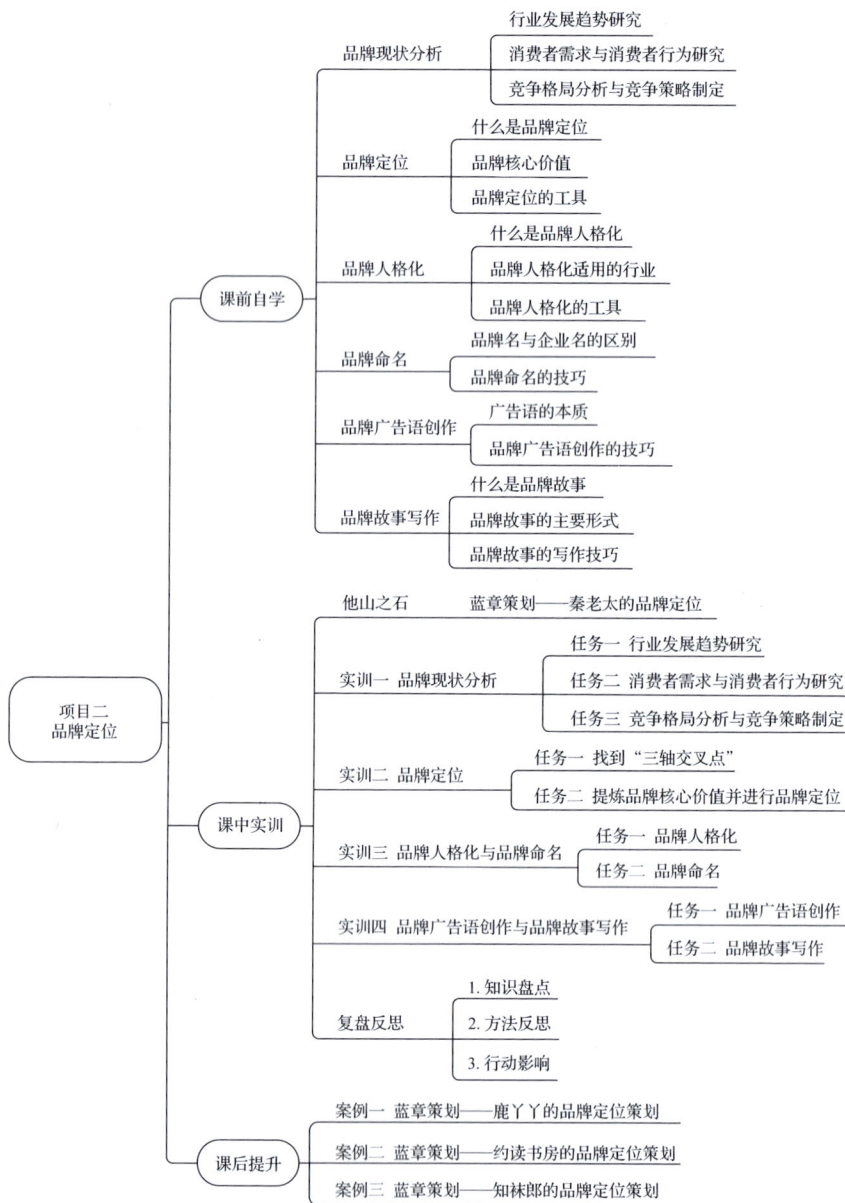

行业发展趋势研究

品牌现状分析 ── 消费者需求与消费者行为研究

竞争格局分析与竞争策略制定

什么是品牌定位

品牌定位 ── 品牌核心价值

品牌定位的工具

什么是品牌人格化

品牌人格化 ── 品牌人格化适用的行业

品牌人格化的工具

品牌命名 ── 品牌名与企业名的区别

品牌命名的技巧

品牌广告语创作 ── 广告语的本质

品牌广告语创作的技巧

什么是品牌故事

品牌故事写作 ── 品牌故事的主要形式

品牌故事的写作技巧

课前自学

项目二 品牌定位

他山之石 ── 蓝章策划——秦老太的品牌定位

实训一 品牌现状分析 ── 任务一 行业发展趋势研究

任务二 消费者需求与消费者行为研究

任务三 竞争格局分析与竞争策略制定

实训二 品牌定位 ── 任务一 找到"三轴交叉点"

任务二 提炼品牌核心价值并进行品牌定位

实训三 品牌人格化与品牌命名 ── 任务一 品牌人格化

任务二 品牌命名

实训四 品牌广告语创作与品牌故事写作 ── 任务一 品牌广告语创作

任务二 品牌故事写作

复盘反思 ── 1. 知识盘点

2. 方法反思

3. 行动影响

课中实训

案例一 蓝章策划——鹿丫丫的品牌定位策划

案例二 蓝章策划——约读书房的品牌定位策划

案例三 蓝章策划——知袜郎的品牌定位策划

课后提升

课前自学

一、品牌现状分析

1. 行业发展趋势研究

一个行业的发展趋势往往决定了该行业未来的前景。研究行业发展趋势是为了了解一定时间内行业发展的规律和轨迹，再初步判断行业未来的发展方向，帮助企业充分发挥自身优势，顺应行业发展趋势。

（1）了解行业发展趋势的简单方法

直接购买行业数据报告是了解行业发展趋势的方法之一。一般可通过综合调研数据供应商来获得行业基础大数据，也可通过行业协会或行业数据供应商来获得更有效的数据。

（2）行业数据与发展趋势的解读要注意的问题

① 数据是静态的，需要企业对数据加以分析并结合企业自身特质与所掌控的资源，总结出适合企业发展的路径，供企业管理者决策。

② 随着经济和技术的发展，人与人之间在"物"的层面上差异会越来越小，但对精神的需求则各有不同，所以探究"人的发展"也是必要环节。

2. 消费者需求与消费者行为研究

品牌定位的核心是基于消费者需求。需求是消费者对某种目标的渴求和欲望，是消费者实施积极行为的源泉。

（1）用户画像

企业通过收集的数据，分析得出消费者的自然特征、心理特征、行为特征等主要信息后，综合描绘出该品牌的消费者形态，这就是该品牌的用户画像，企业利用用户画像可以有针对性地开展营销策略的制定与执行。表2-1所示为用户画像的维度。

表2-1　用户画像的维度

自然特征	年龄、性别、地域、教育水平、职业、婚姻状况、家庭情况、收入状况、购买力水平等
心理特征	关系营销策略制定，包括性格、价值观、生活态度、兴趣等
行为特征	主要关注消费者行为特征与偏好，包括是否喜欢购物、是否经常出差、是否经常在外面吃饭、是否喜欢旅游、是否经常熬夜、是否喜欢运动、有何社交偏好、有哪些购买渠道偏好、购买频次等

使用一些用户画像分析工具可以有效帮助企业快速描绘用户画像，如百度指数。只需输入关键词，即可获得与该关键词对应的消费者年龄、性别、区域和兴趣分布特点等信息。

（2）消费者需求探测

描绘出用户画像后，就要进行消费者需求探测。

消费者的需求可以分为 4 个维度：感性需求、理性需求、显性需求、隐性需求。

感性需求：感观吸引，即为喜欢。

理性需求：硬件支撑，说服自己，说服别人。

显性需求：生活或者工作的表象需求。

隐性需求：不为人知的内心需求。

想一想

你能为这 4 个维度的需求各举一个例子吗？

_____

_____

在上述 4 个维度的需求中，隐性需求和感性需求影响消费者的购买决策。表 2-2 所示为洞察消费者需求的具体方法。

表 2-2　洞察消费者需求的具体方法

开展问卷调查	可通过线上线下问卷、邮件、电话等形式进行调查，也可通过专业调研公司进行问卷调查，但费用较高
消费场景观察	需要营销人员在现场观察完整的消费行为全过程，要注意记录消费者在产品上的眼光停留时间、路线偏好、在意什么信息等
小组头脑风暴	邀请几位消费者，与营销人员现场互动沟通。营销人员利用这种方式可以快速深入地了解消费者需求，但样本数量会偏少
线上数据统计	可通过对天猫、京东、豆瓣、知乎、小红书等平台的留言评论信息进行分析。线上商店需要特别关注追加评论的内容和中差评的内容，其他开放型社区要多关注消费者购买和使用产品后的感受等内容

查一查

什么是马斯洛需求层次理论？

_____

_____

（3）消费行为研究

消费行为研究是研究消费者在消费行为过程中的表现，即消费者如何决策，何种关键因素最终触发消费者进行消费等。

目前，消费行为受科技发展的影响。过去没有互联网，消费者所有的消费行为都在线下，美国广告学家 E.S. 刘易斯提出了 AIDMA 模型，如表 2-3 所示。

表 2-3 AIDMA 模型

Attention 引起注意	Interest 引起兴趣	Desire 唤起欲望	Memory 留下记忆	Action 购买行动

如今已经发展到了移动互联网时代，移动互联网对消费者、消费行为的影响是巨大的。日本电通公司针对移动互联网时代消费者生活形态的变化，提出了一种全新的消费者行为分析模型，即 AISAS 模型，如表 2-4 所示。

表 2-4 AISAS 模型

Attention 引起注意	Interest 引起兴趣	Search 进行搜索	Action 购买行动	Share 人人分享

日本电通公司认为该模型是上下相对的漏斗形态，更趋向于一个闭环。移动互联网时代，人人都是产品使用者和信息分享者。通过分享的信息，引发潜在消费者关注，进而形成另一轮的消费行为。

移动互联网彻底改变了消费者的生活、工作、娱乐、学习的方式，消费者除了看电视、看书、逛街、差旅等传统行为外，还可以随时随地在线收发邮件、搜索信息、即时沟通、在线交易等。因此，企业在营销上就要根据现代消费者行为路径与表现的变化，制定对应的策略。

信息集中化的时代已经一去不复返了，现在的信息已经呈现出碎片化的形态。互联网的核心是连接与分享，正是由于"去中心化"，反而促进了以各种兴趣、职业、居住等标签而聚集在一起的集群的形成，也就是"社群"，如各地的"读书会""小区业主群""车友会"等。基于 AISAS 模型，这种"社群"所产生的口碑往往是营销的最大推力。消费者不再完全相信企业的广告，而有可能注意到其好友圈的一条产品使用评论。因此，有学者认为，我们或许已经进入了"社群分享经济时代"。

想一想

你购买新手机、汽车、服装的需求是什么？成交核心是什么？

_____

_____

3. 竞争格局分析与竞争策略制定

分析竞争对手是巩固企业在行业中战略地位的重要方法。

（1）竞争信息维度

企业通常需要从以下 5 个竞争信息维度具体了解对手，如表 2-5 所示。

表 2-5　竞争信息维度

信息维度	信息解读	自身决策
品牌知名度	品牌知名度一般能够反映市场占有率，它是决定自身品牌应以何种姿态进入市场的较为重要的指标之一	一般来讲，如果品牌不是第一梯队，就要考虑顺延第一品牌的产品发展方向，进行自身产品开发，但要突出产品差异性
渠道布设	包括销售渠道质量与网点数量两个关键指标	根据自身企业的资源及战略目标，选择具体方法。例如，快速铺货占领空白网点，或者精耕某一区域市场
产品造型	吸引消费者的首要因素之一	技术成熟的行业，产品造型要新颖特别、富有创意
产品概念	吸引消费者的重要因素之一	对于技术型和功能型产品，或者同质化严重的产业，产品概念是重要的决策依据
产品定价	成交环节的核心因素之一	定价就是对标策略，要根据竞争对手的价格进行产品的定价和调价

基于以上信息，结合企业自身情况进行交叉比对分析，即可明晰企业所处的竞争环境，再根据品牌竞争模型来统筹规划竞争策略。

（2）品牌竞争模型

表 2-6 所示为品牌竞争模型。

表 2-6　品牌竞争模型

品牌地位	竞争姿态	竞争宗旨	核心动作
第一品牌	领导者	扛大旗、树标杆	要占据品类核心价值； 要引领品类发展方向； 保持唯一，坐稳第一
第一阵营品牌	挑战者	顺大势、谋小局	要顺应第一品牌的主导方向； 要跟随第一品牌的品类方向； 要打价格战、促销战、渠道战； 等待超越，取代第一品牌
第二阵营品牌	颠覆者	小创新、划地盘	要进行品类分化、再造、小创新； 要主导区域战、特通渠道战； 产品小创新，渠道做隔离
第三阵营品牌	跟随者	模仿秀、游击战	要跟随品类核心利益； 看准出击，随时调整

二、品牌定位

1. 什么是品牌定位

品牌战略是企业战略的核心，而品牌定位是品牌战略的核心，所以企业战略核心的核心就是品牌定位。

品牌的本质是区隔和保障。品牌定位就是企业找到适合的标签，找到"具有投资价值"的品牌意义，之后不断地重复传播这一标签，从而让消费者形成心理惯性："如果我购买××类型产品，那必须首先考虑××品牌，它在这方面做得非常好。"

品牌定位要求企业必须非常明确地表达"品类归属"和"消费价值"，且从这两个维度去审视竞品中没有或少有的，要比竞品更好地满足消费者的某种需求，从而成为消费者的优先选择。

（1）品类归属

品类归属即品牌所归属的品类，主要回答"品牌提供的产品或服务是什么"的问题。

品牌的底层逻辑是品类，消费者用品类思考，用品牌表达。品牌要完成对品类的锁定才是有价值的品牌。例如，可口可乐、东阿阿胶都是成功地将品牌完成对品类的锁定，让自己几乎等同于品类，让消费者在购买同类产品时首先想到该品牌。

（2）消费价值

消费价值就是指某品牌给消费者带来的价值，主要回答"我为什么要买你的产品，而不买其他品牌的产品"的问题。它由品类的属性提供，包括理性价值和感性价值。

下面用蓝章策划的案例进行介绍。

宜和宜美互联网家居品牌定位——倡导幸福变现的家居定制体验。

品类归属：家居定制。

消费价值：幸福变现。

信义通铝板品牌定位——值得信赖的高精铝板现货服务商。

品类归属：高精铝板现货服务商。

消费价值：值得信赖。

2. 品牌核心价值

品牌核心价值是消费者认同一个品牌的重要驱动力，它让消费者明确、清晰地识别并记住品牌的特质。品牌核心价值是品牌的终极追求，也是营销策划的起点，定位、维护、宣扬品牌核心价值已成为许多国际一流品牌的共识。企业的价值活动或营销传播活动都要围绕品牌核心价值展开，这既是对品牌核心价值的体现与演绎，又是对品牌核心价值的强化。

品牌的核心价值可以是理性价值，也可以是感性价值，还可以是二者的统一。每一个产业，其品牌核心价值的归属都会有所侧重。例如，食品产业会侧重于生态、环保等价值，信息产业会侧重于科技、创新等价值，医药产业会侧重于关怀、健康等价值。

一般来讲，不同行业的理性价值和感性价值的比值是不同的，图 2-1 所示为不同行业的品牌核心价值评定法则。

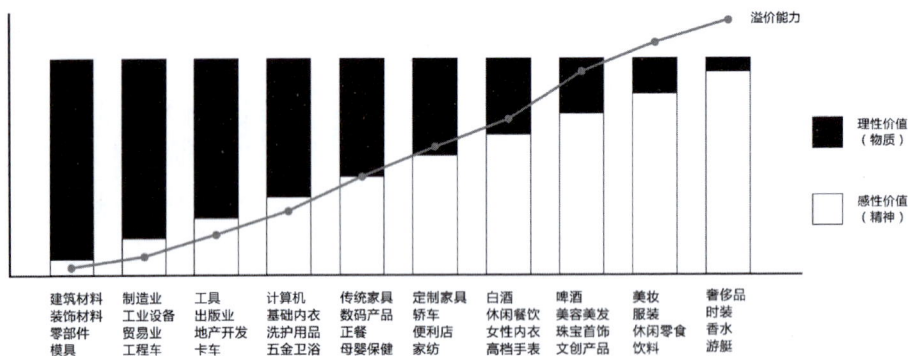

图2-1 不同行业的品牌核心价值评定法则

原材料（如钢材、齿轮），它的理性价值非常高，感性价值非常低，所以在做品牌定位时，就不能采用过多的"走心"式定位策略，而是应重点强调行业地位。

当然，凡事不是绝对的，从差异化角度出发，还可考虑优质服务，也可对"发货快"等感性价值进行深挖。不同行业的品牌核心价值象限都不会有非常大的偏移，不同行业的品牌可以在既有的象限内，根据消费者需求和竞争需求，做出"适度优化"。

3．品牌定位的工具

常用的品牌定位工具有"三轴定位法"和"四轮定位模型"。

（1）三轴定位法

三轴定位法的"三轴"指自身特质、竞争环境和消费需求。

自身特质即企业的核心价值，包括企业自身资源、特殊优势，企业应深度挖掘自身所具有的独特优势。

竞争环境即核心竞争力分析，包括消费趋势、竞品的相对弱点或弱势，企业应找到竞争企业所不具备的特质。

消费需求即痛点与需求，包括消费人群画像、消费者需求，企业要唤醒或迎合消费者的利益需求。

通盘梳理自身特质、竞争环境和消费需求这"三轴"后，尽可能找到三轴的交叉点，即在企业要迎合或唤醒的消费者利益需求中，找到竞争企业所不具备的，但又是自己所具备的独特优势，来明确品牌的定位。如图 2-2 所示。

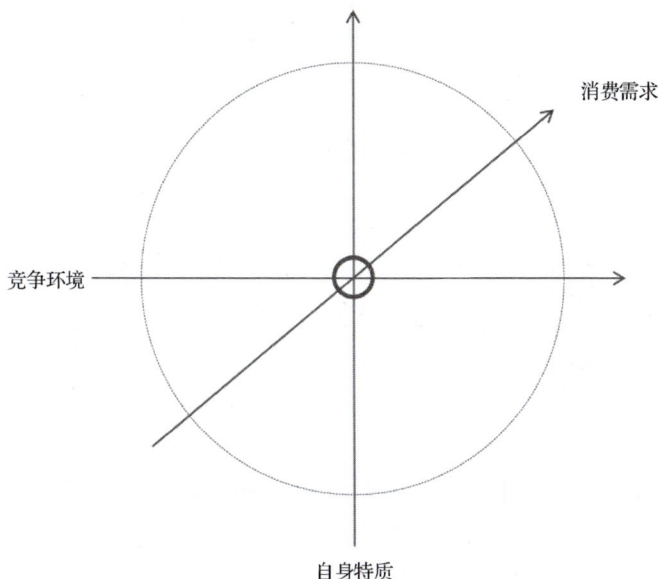

图2-2　三轴定位法

（2）四轮定位模型

四轮定位模型包括取势、价值、机会、特质 4 个要点。

与三轴定位法相比，四轮定位模型需要多分析一个行业发展趋势。也就是说，企业进行品牌定位时，首先要考虑品牌所在的行业会不会往这个方向发展，企业要顺势而为，不能逆势而行，这就是对行业发展趋势分析的作用。四轮定位模型的其他 3 个要点与三轴定位法相同，分析自身要具备什么样的特质、在市场上有没有形成差异化的机会，以及消费者是不是关注你的价值点，如图 2-3 所示。

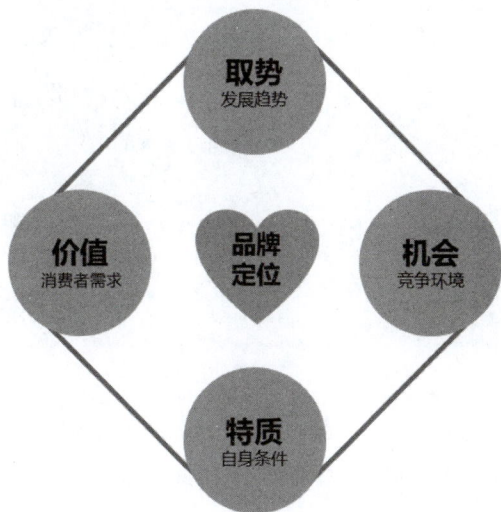

图2-3　四轮定位模型

🏃 国牌风采

百雀羚：流水的时代，铁打的情怀

——创立中华名牌·塑造国家形象

【关键词】示范引领；爱国情怀；品牌创新

2022年7月29日，国家发展和改革委员会等部门发布《关于新时代推进品牌建设的指导意见》（发改产业〔2022〕1183号），文中指出品牌是高质量发展的重要象征，加强品牌建设是满足人民美好生活需要的重要途径。为高质量推进品牌建设工作，全面提高我国品牌发展总体水平，第三条意见"支持企业实施品牌战略"第四款中指出"发挥大型骨干企业示范引领作用。推动大型骨干企业特别是中央企业进一步发挥示范引领作用，……支持大型骨干企业融入国家形象塑造，参与国际重大交流活动，传递中国品牌理念，不断增强全球消费者对中国制造、中国建造、中国服务的品牌认同。"

百雀羚诞生于1931年，是我国历史较为悠久的护肤品牌之一，以东方护肤的平衡和谐之道，致力于带给消费者温和有效、好用更耐用的护肤体验。历经92载，百雀羚的品牌定位由"天然不刺激"升级为"科技新草本"，以科技赋能草本，草本为核、科技加持，最大化激发草本的护肤潜能。

2013年，百雀羚以"国礼"的身份去到坦桑尼亚联合共和国，"民族骄傲、国货自强"的精神，促使百雀羚重焕新生。图2-4所示为百雀羚国礼套盒。

图2-4　百雀羚国礼套盒

流水的时代，铁打的情怀。2017年秋，百雀羚争取到与故宫珠宝文化首席设计顾问钟华的合作机会，推出"燕来百宝奁美妆礼盒"，如图2-5所示，产品上线35秒便售罄。

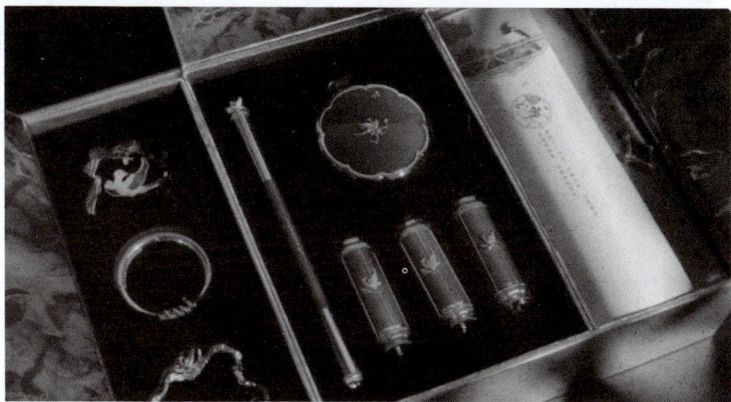

图2-5　燕来百宝奁美妆礼盒

2021年全球最有价值品牌公布，位于TOP15的百雀羚是名单里的唯一中国品牌。这份成绩足以证明中国品牌充分具有走出国门、享誉世界的实力，中国品牌在发展中壮大，在提高质量中迅猛向前。中国品牌屹立在世界面前，而且越来越强。勇敢走出去、创造品牌、提高质量、科学研究、汲取经验、不断完善，中国品牌正昂首阔步，进入世界品牌的中心。

三、品牌人格化

1. 什么是品牌人格化

品牌如人，一个品牌会是一位什么样的人？我们可以把品牌的各种特性分别按照人的角度来设定；人格化并不等于单一的人物化，还要把品牌的价值观等精神层面的特质一并赋予品牌，让品牌的人格更加饱满，这就是品牌人格化。

品牌人格化可以唤起消费者的情绪，并且拉近品牌与消费者之间的距离，以此构建品牌与消费者间的情感联系，继而产生情感共鸣。很多品牌都会进行人格化设计，如以下几个品牌。

老干妈：一位围着白色围裙，几十年如一日专注于研究技术的低调朴实的妇女。

旺旺：一个乐于分享食品、饮料等美食的大眼睛爱笑男孩。

淘宝客服：服务态度超级良好的大卖场导购。

罗辑思维：一个有学识、有趣的读书人。

海底捞火锅：一个做饭好吃、还超级热心肠、特别有服务精神的邻居。

2. 品牌人格化适用的行业

品牌人格化一般用于产品同质化严重、决策简单、信息不复杂的行业，如餐饮、服装等行业，这类行业往往感性价值要比理性价值高，因此更需要进行品牌人格化。

3．品牌人格化的工具

品牌人格化的设定工作主要依靠品牌定位与客群标签来寻找与之对应或匹配的"身份"。这种"身份"大致可以分解为：年龄、性别、性格、专业、职业、价值观、愿景等，没有特别定论，只要能相对清晰地勾画出品牌的人格，并在后期运营和推广时，方便消费者辨识品牌。

目前业界采用较多的品牌人格化的工具是美国著名学者珍妮弗·阿克尔提出的品牌个性维度量表（Brand Dimensions Scales，BDS）模型。珍妮弗·阿克尔是最早用归纳法研究品牌个性维度的学者，1997年，她第一次根据西方人格理论的"大五"模型，以个性心理学维度的研究方法为基础，以西方著名品牌为研究对象，提出了一个系统的品牌个性维度量表模型。

后来，中国千家品牌实验室在珍妮弗·阿克尔的品牌个性维度量表模型基础上，针对中国市场进行了优化，推出更符合中国市场的品牌个性五维度量体系，如表2-7所示。

表 2-7　品牌个性五维度量体系

五大维度	18个层面	51个人格
纯真	务实	务实，顾家，传统
	诚实	诚实，直率，真实
	健康	健康，原生态
	快乐	快乐，感性，友好
刺激	大胆	大胆，时尚，兴奋
	活泼	活力，酷，年轻
	想象	富有想象力，独特
	现代	追求最新，独立，现代
称职	可靠	可靠，勤奋，安全
	智能	智能，富有技术，团队协作
	成功	成功，领导，自信
	责任	责任，绿色，充满爱心
教养	高贵	高贵，魅力，漂亮
	迷人	迷人，女性，柔滑
	精致	精致，含蓄，南方
	平和	平和，有礼貌，天真

续表

五大维度	18个层面	51个人格
强壮	户外	户外，男性，北方
	强壮	强壮，粗犷

四、品牌命名

1. 品牌名与企业名的区别

品牌名即商标，所有商标必须统一经国家知识产权局商标局审批后获得专用权，在全国范围内可查询。同时，商标的注册需要对应标准分类，目前中国商标分为45个大类。申请注册时，要根据经营的产品或服务，选择对应的商标注册类别进行查询注册。从申请到取得注册证书，一般周期为1年到1年半。另外，商标查询注册的知识较为专业，一般都会通过知识产权代理公司代为查询注册。

企业名即商号，企业在申请营业执照时，须提报企业名称，通过各个地方的市场监督管理部门根据企业提报的经营范围进行查询审批，一般有属地范围限定，如山东××公司、济南××公司、济南市历下区××经营部（个体工商户）等。如果需要在济南市注册企业名称，注册时，需要查询济南市范围内同行业的企业重名情况。无论开办企业或个体工商户，必须取得营业执照，从申请到取得营业执照，一般周期为1周左右，自简化工商注册手续后，企业的营业执照申请基本可以自行办理。

品牌名与企业名最好一致，商标与商号最好合一。例如，小米科技，商标是"小米"，企业名是"小米科技有限责任公司"；蓝章策划，商标是"蓝章"，企业名是"山东蓝章营销策划有限公司"。

查一查

商标注册的流程是什么？

_____

_____

2. 品牌命名的技巧

《说文解字》一书中对"名"字的解读是"名，自命也。从口夕，夕者，冥也，冥不相见，故以口自名"，意思是说，天色暗黑下来后，大家相互都看不清，所以各以代号称谓。由此可见，名不仅仅是一个符号，更重要的功能是识别。

现代商业竞争中，品牌名（商标）是企业较为核心的知识产权之一，它是一个企业资源的承载和集中体现。所以，企业自成立之初，就应重视品牌的构建，将它提升至企业顶层设计的高度，毕竟更换品牌名的成本巨大，尤其是对于市场端的无形资产。

（1）可以注册成商标

品牌名可以注册成商标是最基本的原则，再好的名字，如果不能注册，得不到法律保护，就不是真正属于自己的品牌名。我国的电商大门开启后，商标注册量大大提升，很多行业的商标注册难度越来越大。因此，企业在进行品牌命名时最好进行广泛收集、集中查询。

查一查

"口袋通"因为商标隐患而改名"有赞"的来龙去脉。

_____

_____

（2）无须解释说明

好名字有个标准就是"不用解释"，所以品牌命名不能天马行空。随着时代的发展，商业信息越来越纷杂，品牌命名要尽量做到消费者看到名字，就大致能知道是什么产品品类，或了解产品有什么样的特质，尽量做到无须解释说明。例如，好孩子、喜茶等品牌，消费者很容易就从品牌名上获得产品品类等信息。

品牌命名时可参考品牌定位、行业、产品、消费客群、企业文化理念等因素，品牌名构成可参考"产品特质＋产品品类"的组合。

（3）方便阅读和表述

品牌命名要遵循容易理解、容易读写的原则，一定不要用生僻字和多音字。一些企业想通过使用生僻字来吸引消费者，殊不知带来了负面效果，消费者很难主动推广，甚至影响产品的销售，而企业因此需要花费大量资源去解释就得不偿失了。多音字也是同样道理，消费者并不清楚到底要读哪个音，容易引起歧义而放弃消费行为。

（4）容易记忆

好记的名字有个窍门，就是"具象化"。人的大脑会优先把文字转化为图像进行储存记忆。例如，对于"红旗"这个名字，我们大脑中就会闪现出一面红旗的画面，而对于"麦科特"这个名字，我们则无法在大脑中形成画面，如果这两个品牌花费相同的推广费用的话，"红旗"品牌更利于传播且节约企业成本。

除此之外，企业还可进行"画面感＋差异化"的组合策略进行品牌命名。例如，对于"树时光"和"蓝鳄"这两个名字，首先这两个名字在人们脑海里的画面感非常强，其次有别于其他品牌名，所以注册审核通过的概率也相对较大。

（5）适度延伸性

企业在进行品牌命名时，可适当考虑未来行业的发展空间，再根据企业战略规划进行创意策划，为未来的发展预留接口。目前，中国的商业竞争越发激烈，互联网四通八达，对于品牌的命名，首先要考虑其差异性和易记忆，其次才考虑适度延伸。

例如，小米通过"性价比"营销手机成功之后，横向延伸了一系列的新产品和品牌，也通过营销"性价比"来满足小米用户的需求。

查一查

"滴滴出行"与"饿了么"的跨界合作与品牌延伸。

_____

_____

五、品牌广告语创作

1．广告语的本质

品牌名称、品牌 Logo、品牌广告语三者并称为品牌的核心传播符号。品牌广告语是品牌记忆的内容之一，承担着品牌建设与推广的重要作用。广告语的字面意思是指用于广告传播的语言，包含标题和正文广告内容。广告语的本质是消费利益，是消费行为指令。

王老吉——怕上火，喝王老吉

淘宝——淘！我喜欢

抖音——记录美好生活

腾讯——用心创造快乐

大渝火锅——不好吃就退货

2．品牌广告语创作的技巧

（1）直接陈述切身利益

广告的本质就是传播价值，企业在撰写广告语时，如果能从消费者的利益出发，采用"与我有关"的描述，就会更加具有销售力。绝大部分行业都应遵循这条创作要领，杜绝空话、假话。

瓜子二手车直卖网——没有中间商赚差价

康尼宝堡潜能素养课——让天赋更出众（蓝章案例）

（2）直接采用定位陈述

定位陈述直接将品牌定位作为广告语，以减少信息差，增加品牌认知的精准度，明确告知消费者产品品类。这种方法适合于一般新品类或企业对企业（Business-to-Business，B2B）模式下的工业类产品。

唯品会——一家专门做特卖的网站

知袜郎——一家人的袜屋（蓝章案例）

（3）强调情感，强调感受，强调社会属性

由于生产技术不断提升，产品趋于同质化，消费者在选购产品时通常不会把产品质量等特性放在首位，而是越来越重视产品所传递的品牌价值观。强调情感，强调感受，强调社会属性，这种品牌广告语的创作方法一般用于生活类定位高端的品牌，以及大部分服装、鞋帽、香水等高情感黏性的产品。

鸿星尔克——To Be No.1（迈向第一）

和美说高端美发——赢得漂亮！（蓝章案例）

（4）放弃高度总结性语言

一般而言，总结性语言不能准确地表达具象的事物形态，有些用词较为空洞，越高度凝练越不近"烟火"。生活气息少了，就很难在人们的大脑中"还原出场景"，相比较而言就难以记忆。

招商银行——因您而变！

晨立克除甲醛——治甲醛、要除根！（蓝章案例）

（5）广告语最好包含品牌名

纵观当下复杂的商业环境，行业竞争日益激烈，消费者每天都会在无形中获取相当数量的广告信息，却不会立即购买产品；然而当消费者真正有购买需求时，脑海中若能关联出品牌广告语，就说明品牌广告语真正发挥了品牌建设与推广的重要作用。

汉庭——爱干净，住汉庭

翻译兔翻译机——出国自由行，标配翻译兔（蓝章案例）

（6）采用谐音使其顺口

语言是生活的必要工具，方便口头传播的信息，才能更广泛地流传。另外，儿歌和顺口溜的传播较为广泛，其中的道理就是顺口方便传颂。大部分行业可以采用这条创作要领。

大宝——要想皮肤好，早晚用大宝！

帝标布艺沙发——帝标沙发，舒服到家！（蓝章案例）

（7）采用比喻描述

采用比喻的方式，把复杂、隐晦的产品信息，通过消费者熟知的感受和体验进行表达，这样更方便消费者对产品特性的认知。这条创作要领适合新技术、新品类品牌，以及工业品中间件品牌。

德芙——纵享丝滑！

金晔山楂条——鲜果般原汁原味！（蓝章案例）

想一想

你能列举一些你认为具有吸引力的广告语吗？这些广告语好在哪里？

_____

_____

六、品牌故事写作

1. 什么是品牌故事

品牌故事，从商业化的角度来看，就是将品牌的价值观，通过对品牌创始人经营理念、企业重大发展节点等情节的描述，以完整的故事形式表现出来，它是一种商业传播工具。要选择符合企业价值观、具有亲和力的故事，以增加消费者对品牌的认同。

2. 品牌故事的主要形式

品牌故事有多种写法，总体可以归纳为两种主要形式，一种是创始人初心故事，另一种是事件型传播故事。

（1）创始人初心故事

创始人初心故事主要是介绍创始人创立品牌的初衷，以情感为纽带贯穿企业经营模式和管理理念的阐述，讲述品牌愿景，勾画出梦想蓝图，一般作为静态的品牌核心故事进行传播。

查一查

请查一查乔布斯联合两位好朋友在车库里成立苹果公司，售卖计算机的创业故事。

_____

_____

（2）事件型传播故事

事件型传播故事主要是企业利用品牌在发展过程中发生的典型故事进行创作，用以展现品牌价值观，尤其适合表达产品开发理念、品质控制理念、服务理念等，一般作为动态的品牌故事进行多维度传播，尤其适合各种传媒进行互动。

查一查

请查一查张瑞敏如何怒砸了 26 台不合格冰箱后创立海尔品牌的故事。

_____

_____

3. 品牌故事的写作技巧

（1）紧扣品牌定位

首先一定要紧扣品牌定位，明确这个故事要表达什么？要让消费者知道什么？再选择将"创始人初心、经营模式、管理理念、品牌愿景、产品开发理念、品质控制理念、服务理念……"等需要体现品牌价值观的内容巧妙地融入其中。

（2）可读性强

品牌故事首先是一个故事，并非是一篇四平八稳的新闻稿，所以要求有一定的可读性，这就要满足故事的编写要点。所以策划品牌故事的时候，一定要做到有人物、有情节、有冲突、有情感，要注重人物精神世界的刻画，但也要自然贴切，不露雕琢之迹，要与消费者产生共鸣，否则就失去可读性。

（3）结构清晰，叙事到位

品牌故事要满足文章的基本结构，做到结构清晰，叙事到位，可参考"5W1H"写法，即人物（Who）、时间（When）、地点（Where）、事件（What）、原因（Why）、如何开展（How）。品牌故事的写作一般不限文体，要求文字简洁明了，通俗易懂，尽量不用文言文，1000字以内即可。

自学自测 ↓

一、单选题

1. 品牌战略的核心是（   ）。
   A. 品牌定位　　B. 行业趋势　　C. 自身特质　　D. 竞品地位

2. 领导者地位的品牌的竞争策略是（   ）。
   A. 保持唯一，坐稳第一　　　　B. 等待超越，取代第一品牌
   C. 产品小创新，渠道做隔离　　D. 看准出击，随时调整

3. 品牌命名最基本的原则是（   ）。
   A. 可以注册成商标　　　　　　B. 无须解释说明
   C. 容易记忆　　　　　　　　　D. 方便阅读和表述

4. 广告语的本质是（   ）。
   A. 消费利益　　B. 品牌传播　　C. 品类定义　　D. 押韵顺口

5. 格力总裁董明珠的故事，属于（   ）形式。
   A. 创始人初心故事　　　　　　B. 事件型传播故事
   C. 静态的核心故事　　　　　　D. 蓝图式传播故事

二、多选题

1. 人的需求可以分为（   ）维度。
   A. 感性　　　　B. 理性　　　　C. 显性　　　　D. 隐性

2. 品牌定位要求企业必须非常明确地表达（   ）。
   A. 自身地位　　B. 品类归属　　C. 消费价值　　D. 竞争姿态

3. 品牌的核心传播符号包括（   ）。
   A. 品牌名称　　　　　　　　　B. 品牌 Logo
   C. 品牌广告语　　　　　　　　D. 品牌广告片

4. "金晔山楂条——鲜果般原汁原味！"采用了（ ）的广告语创作技巧。

    A. 谐音顺口   B. 比喻描述

    C. 强调感受   D. 陈述利益

5. 品牌故事的内容可以包括（ ）。

    A. 创始人初心   B. 品质控制理念

    C. 品牌愿景   D. 服务理念

三、判断题

1. 一个行业的发展趋势往往决定了该行业未来的前景。（ ）

2. 不同行业的品类属性的价值比是不确定的。（ ）

3. 品牌人格化的目的是与消费者产生情感共鸣。（ ）

4. 品牌广告语必须包含品牌名。（ ）

5. 品牌故事需要具有亲和力。（ ）

四、简答题

1. 简述用户画像需收集与分析的消费者信息。

2. 简述品牌定位的"三轴定位法"。

3. 简述品牌命名的技巧。

4. 简述品牌广告语创作的技巧。

5. 简述品牌故事的写作技巧。

课中实训

他山之石

蓝章策划——秦老太的品牌定位

　　山东秦老太食品有限公司（以下简称秦老太）成立于1993年，是一家传统冲调食品生产企业，致力于挖掘中华传统养生食品及文化。其产品线非常丰富，包括红枣羹、芝麻糊、核桃粉、红豆粉、豆奶粉、藕粉、燕麦、蜂蜜……但其部分产品（芝麻糊、核桃粉、藕粉、豆奶粉等）自带"老龄"特性。这使得企业需要对品牌重新定位。

想一想

- 如果构建年轻化的品牌，秦老太需要往哪个方向调整？
- 秦老太的品牌可以被重新定位吗？
- 你将从哪里着手秦老太的品牌定位？
- 秦老太的品牌现状是怎样的？
- 你想把秦老太的品牌重新定位为什么？
- 重新定位后，秦老太的品牌核心价值是什么？
- 你能为秦老太想一句品牌广告语吗？
- 你能为秦老太撰写一篇品牌故事吗？

课中实训

　　请用手机扫描下列二维码获取蓝章策划对秦老太的品牌定位策划方案。

1. 秦老太品牌核心价值分析	2. 秦老太品牌消费情境分析与品牌定位	3. 秦老太品牌广告语	4. 秦老太品牌人格化与品牌故事

　　学习借鉴该案例中蓝章策划对秦老太进行品牌定位的思考方式，运用课前自学的知识、工具和方法，小组分工合作完成下列实训任务。

实训一　品牌现状分析

任务一　行业发展趋势研究

　　任务描述：学生以小组为单位，选择一个行业，创建一个品牌（或者使用老师指定的某个品牌），对品牌所在行业的发展趋势进行研究。请将研究结果做成展示PPT，并将要点记录在表2-8中。

表2-8　行业发展趋势研究

研究目标	研究结果
行业名称	
该行业近5年的发展趋势分析	
产品品类归属	
该产品品类近5年的发展趋势分析	

任务二　消费者需求与消费者行为研究

任务描述：学生小组找到该品牌的目标用户群，完成用户画像、消费需求探测及消费行为研究。请将研究结果做成展示PPT，并将要点记录在表2-9中。

表2-9　消费者需求与消费者行为研究

研究目标	研究结果
目标用户群	
用户画像	
消费需求探测	
消费行为研究	

任务三　竞争格局分析与竞争策略制定

任务描述：学生小组找到该品牌的竞争对手，完成竞争对手的品牌知名度、渠道布设等的研究，并结合企业自身情况，明确自身的竞争地位。请将研究结果做成展示 PPT，并将要点记录在表 2-10 中。

表 2-10　竞争格局分析与竞争策略制定

研究目标	研究结果	
	竞争对手的	自身的
品牌知名度		
渠道布设		
产品造型		
产品概念		
产品定价		
竞争地位		

实训二　品牌定位

任务一　找到"三轴交叉点"

任务描述：学生以小组为单位，使用三轴定位法，根据品牌现状分析，总结品牌的消费需求、自身特质和竞争环境，找到"三轴交叉点"。请将研究结果做成展示 PPT，并将要点记录在表 2-11 中。

表2-11　使用三轴定位法进行品牌定位

研究目标	研究结果
消费需求	
自身特质	
竞争环境	
"三轴交叉点"	

任务二　提炼品牌核心价值并进行品牌定位

任务描述：学生小组提炼品牌核心价值，进行品牌定位，要求品牌定位的结果能够非常明确地表达"品类归属"和"消费价值"。请将研究结果做成展示PPT，并将要点记录在表2-12中。

表2-12　提炼品牌核心价值并进行品牌定位

研究目标	研究结果	
品牌核心价值		
品牌定位		
	品类归属：	消费价值：

实训三　品牌人格化与品牌命名

任务一　品牌人格化

任务描述：学生以小组为单位，从消费者的消费需求出发，思考品牌与消费者的关系；然后从品牌个性五维度量体系中的五大维度、18个层面、51种人格中，选出符合品牌定位的品牌性格。请将研究结果做成展示PPT，并将要点记录在表2-13中。

表 2-13　品牌人格化

研究目标	研究结果
品牌与消费者的关系	
品牌性格	

任务二　品牌命名

任务描述：学生小组运用品牌命名的技巧，给品牌命名并简述理由。要求品牌命名符合国家法律法规，不能侵权，能够在国家知识产权局商标局查询注册。如果是自创企业，请同时为企业命名。请将研究结果做成展示 PPT，并将要点记录在表 2-14 中。

表 2-14　品牌命名

研究目标	研究结果
品牌名 / 企业名	
名称解析	

实训四　品牌广告语创作与品牌故事写作

任务一　品牌广告语创作

任务描述：学生以小组为单位，运用品牌广告语创作的技巧进行品牌广告语创作，并简述品牌广告语的创作思路。请将研究结果做成展示 PPT，并将要点记录在表 2-15 中。

表 2-15　品牌广告语

研究目标	研究结果
品牌广告语	
创作思路解析	

任务二　品牌故事写作

任务描述：学生小组运用品牌故事写作的技巧撰写品牌故事，并简述品牌故事的创作思路。请将研究结果做成展示 PPT，并将要点记录在表 2-16 中。

表 2-16　品牌故事

研究目标	研究结果
品牌故事	
创作思路解析	

复盘反思　↓

1. 知识盘点：通过对品牌定位项目的学习，你掌握了哪些知识点？请画出思维导图。

2. 方法反思：在完成本项目学习和实训的过程中，你学会了哪些分析和解决问题的方法？

3. 行动影响：在完成本项目学习和实训的过程中，你认为自己还有哪些地方需要改进？

课中实训

实训项目评价 ↓

技能点评价表

使用说明：

按评价指标评价项目技能点成绩，满分为 100 分。其中，作品文案为 80 分，展示陈述为 20 分。教师评价占比为 40%，企业评价占比为 40%，学生互评占比为 20%。

技能点评价指标		分值	得分
作品文案	品牌现状分析的准确性	10	
	品牌定位的合理性	20	
	品牌人格化的合理性	10	
	品牌命名的合理性	10	
	品牌广告语的创新性与吸引力	10	
	品牌故事的可读性与吸引力	10	
	内容的原创性（不可过多陈述企业现有的成就和做法）	10	
展示陈述	演讲专业程度（包括视觉辅助工具的使用，如 PPT）	5	
	语言技巧和非语言技巧	5	
	团队合作配合程度	5	
	时间分配	5	

素养点评价表

使用说明：

按评价指标评价项目素养点成绩，按优秀为 5 分、良好为 4 分、一般为 3 分、合格为 2 分、不合格为 1 分 5 个等级评价。分为学生自评与小组成员互评。

素养点评价指标		得分
自评	团队精神和协作能力：能与小组成员合作完成项目	
	沟通交流和理解能力：能良好表达自己的观点，善于倾听他人的观点	
	信息素养和学习能力：善于搜集借鉴有用资讯和好的思路想法	
	独立思考和创新能力：能提出新的想法、建议和策略	
	品牌意识和责任精神：核心价值、意识信念与时代精神的提升	
组员 1	团队精神和协作能力：能与小组成员合作完成项目	
	沟通交流和理解能力：能良好表达自己的观点，善于倾听他人的观点	
	信息素养和学习能力：善于搜集借鉴有用资讯和好的思路想法	

课中实训

续表

素养点评价指标		得分
组员1	独立思考和创新能力：能提出新的想法、建议和策略	
	品牌意识和责任精神：核心价值、意识信念与时代精神的提升	
组员2	团队精神和协作能力：能与小组成员合作完成项目	
	沟通交流和理解能力：能良好表达自己的观点，善于倾听他人的观点	
	信息素养和学习能力：善于搜集借鉴有用资讯和好的思路想法	
	独立思考和创新能力：能提出新的想法、建议和策略	
	品牌意识和责任精神：核心价值、意识信念与时代精神的提升	
组员3	团队精神和协作能力：能与小组成员合作完成项目	
	沟通交流和理解能力：能良好表达自己的观点，善于倾听他人的观点	
	信息素养和学习能力：善于搜集借鉴有用资讯和好的思路想法	
	独立思考和创新能力：能提出新的想法、建议和策略	
	品牌意识和责任精神：核心价值、意识信念与时代精神的提升	
组员4	团队精神和协作能力：能与小组成员合作完成项目	
	沟通交流和理解能力：能良好表达自己的观点，善于倾听他人的观点	
	信息素养和学习能力：善于搜集借鉴有用资讯和好的思路想法	
	独立思考和创新能力：能提出新的想法、建议和策略	
	品牌意识和责任精神：核心价值、意识信念与时代精神的提升	
组员5	团队精神和协作能力：能与小组成员合作完成项目	
	沟通交流和理解能力：能良好表达自己的观点，善于倾听他人的观点	
	信息素养和学习能力：善于搜集借鉴有用资讯和好的思路想法	
	独立思考和创新能力：能提出新的想法、建议和策略	
	品牌意识和责任精神：核心价值、意识信念与时代精神的提升	

课中实训

课后提升

案例一　蓝章策划——鹿丫丫的品牌定位策划

鹿丫丫品牌是一个典型的 B2B 企业进军 B2C 市场的案例。鹿丫丫母公司专营无纺布。鹿丫丫在稳步经营过程中，看好民用类消费品赛道，并选择无纺布的下游加工产品即湿巾作为发展方向。但湿巾的消费者是以家庭和个人为主的，而民用类消费品，对品牌策划与包装的要求较高，因此找到蓝章策划为其提供系统策划服务。

蓝章策划根据调研发现，人们对消毒湿巾的需求越来越迫切，且增速较快，但竞争差异化并不大，基本都在拼杀菌率，而鹿丫丫可以通过中科院技术，实现长达 ×× 小时的杀菌效果，因此蓝章策划为其提供了系统性策划，包括品牌战略定位、品牌命名、品牌广告语、消费利益、品类对标广告语和文案撰写、品牌信任状、设计品牌 VI 系统（包括品牌 IP 造型）等。

请扫描下列二维码获取蓝章策划对鹿丫丫的品牌定位策划方案。

1．鹿丫丫行业分析

2．鹿丫丫竞品分析

3．鹿丫丫消费需求分析

4．鹿丫丫自身特质分析与品牌定位

5．鹿丫丫品牌命名与广告语

6．鹿丫丫品牌个性与品牌故事

思考题

此案例中蓝章策划是如何应用四轮定位模型为鹿丫丫进行品牌定位的？

案例二 蓝章策划——约读书房的品牌定位策划

约读书房品牌是"教小孩读书服务"的品类开创者，也是领导者，但新品类就意味着需要较高的教育成本，经常被人误以为是儿童书店、儿童书单等，因此亟需通过品牌的策划，来解决约读书房"到底是干什么的？"这一源头问题，以及作为品类领导者，如何提炼和表达品牌价值才能与其市场地位匹配等问题。

蓝章策划根据需求，为其提供了系统的品牌战略定位。经过调研，约读书房确定了以"提升儿童阅读能力"为核心价值，并对标线上竞争格局，强化了其"线下实训课堂"的品牌核心差异，确定了"儿童阅读能力实训教育创领者"的战略定位，策划了"提升阅读力，一生好成绩"的品牌广告语，卖点体系、品牌故事、VI 设计、IP 造型、店面空间设计等工作。

请扫描下列二维码获取蓝章策划对约读书房的品牌定位策划方案。

课后提升

1．理解品牌定位	2．约读书房自身特质与竞品分析	3．约读书房消费者需求分析
4．约读书房品牌核心价值与广告语	5．约读书房卖点提炼与品牌故事	

思考题

蓝章策划基于需求理论研发的"需求探测模型"是如何使用的？

_____

_____

案例三 蓝章策划——知袜郎的品牌定位策划

知袜郎是一家专营袜子及少量内衣的品牌专营店，店铺大多开设在社区周边，当开设 300 余家店铺时，出现品牌形象老旧、坪效较低、招商较难的问题。

因此蓝章策划根据调研，发现袜子行业的发展方向大致有 3 个，分别是时尚、功能、舒适，而知袜郎的产品基本以舒适为主导方向，产品花色较素，适合全家人日常穿着，同时，袜子的客单价较低，坪效较低，蓝章策划希望进店的消费者，把一家人的袜子都买了，以此提高店面坪效，因此确定了"一家人的袜屋"的品牌战略定位，并直接以此为广告语，将品牌意愿表达清楚。同时还因袜子和内衣可以被塑造得更具人文关怀，蓝章策划还设计了一句较为感性的广告语"知足、知心、知袜郎"，并策划了品牌卖点体系、品牌 VI 设计、品牌专属 IP 造型、产品包装设计、专卖店空间设计等。

同时在渠道上，蓝章策划提出"进 mall 运动"，以直营方式进驻商业综合体，以提升品牌对外展示的形象，助推全国加盟进程。

请扫描下列二维码获取蓝章策划对知袜郎的品牌定位策划。

| 1. 知袜郎的行业消费洞察 | 2. 知袜郎的三轴定位分析 | 3. 知袜郎的品牌核心价值 | 4. 知袜郎的品牌广告语与品牌故事 |

课后提升

思考题

广告语的本质是什么？你还可以为知袜郎想一则广告语吗？

项目三

品牌形象

知识目标

1. 掌握品牌 Logo 图形、字体、色彩设计的技巧。
2. 掌握品牌 IP 构建的方法。
3. 掌握品牌广告片设计的要点。
4. 掌握品牌终端形象设计的要点。
5. 掌握品牌感官设计的理念。

能力目标

1. 能够提出品牌 Logo 图形、字体、色彩设计的想法。
2. 能够提出品牌 IP 构建的建议。
3. 能够写出品牌广告片设计脚本。
4. 能够提出品牌终端形象设计的建议。
5. 能够对品牌感官设计提出建议。

素养目标

1. 具有团队合作精神和协作能力，小组能够协调合作完成任务。
2. 具有良好的交流沟通能力，能够有效表达观点并完成成果汇报展示。
3. 具有信息素养和学习能力，能够运用正确的方法和技巧掌握新知识、新技能。
4. 具有独立思考和创新能力，能针对新项目的特点应用品牌形象设计知识点完成项目任务。
5. 具有高尚的人格素养，品牌形象是"表"，品牌定位是"里"，表里如一，做人之本。
6. 具备健康的审美情趣和良好的审美素养，设计品牌形象时具有表达美的能力。

思维导图 ↓

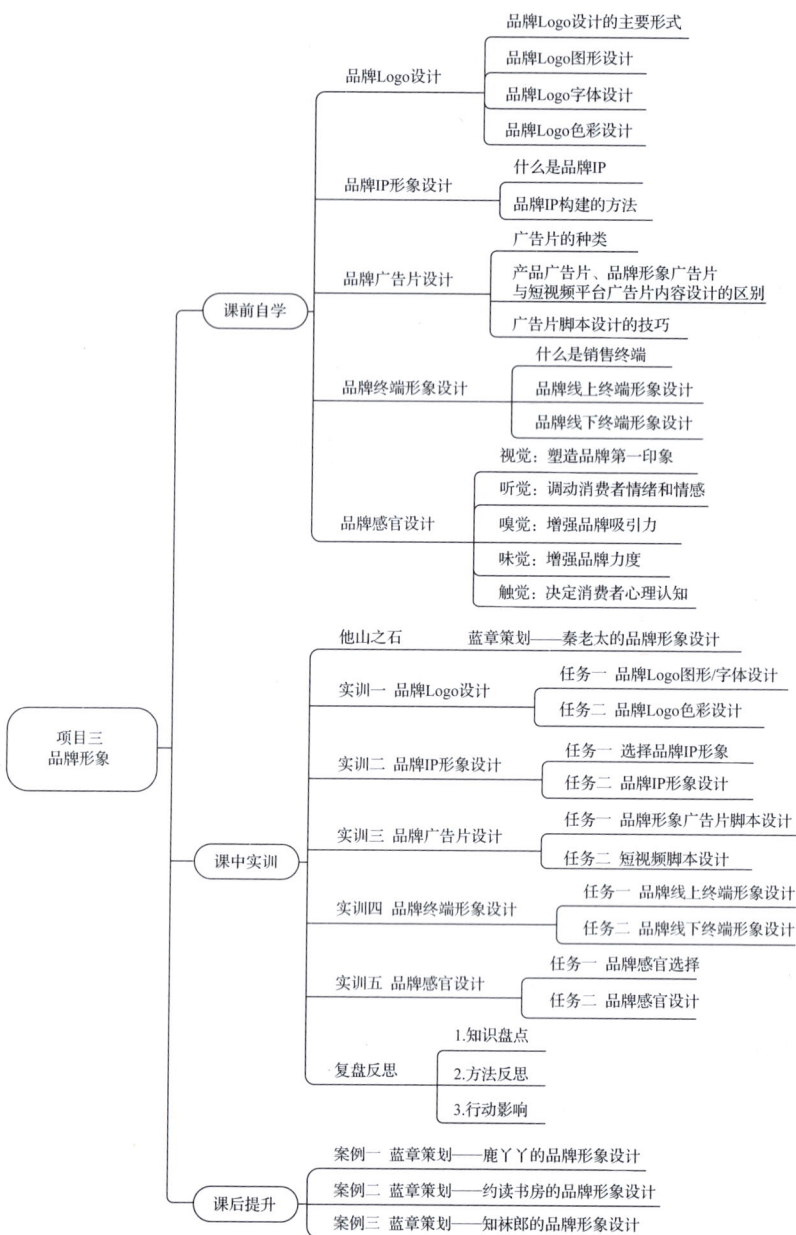

品牌Logo设计
- 品牌Logo设计的主要形式
- 品牌Logo图形设计
- 品牌Logo字体设计
- 品牌Logo色彩设计

品牌IP形象设计
- 什么是品牌IP
- 品牌IP构建的方法

品牌广告片设计
- 广告片的种类
- 产品广告片、品牌形象广告片与短视频平台广告片内容设计的区别
- 广告片脚本设计的技巧

品牌终端形象设计
- 什么是销售终端
- 品牌线上终端形象设计
- 品牌线下终端形象设计

品牌感官设计
- 视觉：塑造品牌第一印象
- 听觉：调动消费者情绪和情感
- 嗅觉：增强品牌吸引力
- 味觉：增强品牌力度
- 触觉：决定消费者心理认知

课前自学

项目三 品牌形象

课中实训
- 他山之石 —— 蓝章策划——秦老太的品牌形象设计
- 实训一 品牌Logo设计
  - 任务一 品牌Logo图形/字体设计
  - 任务二 品牌Logo色彩设计
- 实训二 品牌IP形象设计
  - 任务一 选择品牌IP形象
  - 任务二 品牌IP形象设计
- 实训三 品牌广告片设计
  - 任务一 品牌形象广告片脚本设计
  - 任务二 短视频脚本设计
- 实训四 品牌终端形象设计
  - 任务一 品牌线上终端形象设计
  - 任务二 品牌线下终端形象设计
- 实训五 品牌感官设计
  - 任务一 品牌感官选择
  - 任务二 品牌感官设计
- 复盘反思
  - 1.知识盘点
  - 2.方法反思
  - 3.行动影响

课后提升
- 案例一 蓝章策划——鹿丫丫的品牌形象设计
- 案例二 蓝章策划——约读书房的品牌形象设计
- 案例三 蓝章策划——知袜郎的品牌形象设计

课前自学

一、品牌Logo设计

品牌 Logo 设计属于品牌视觉识别（Visual Identity，VI）系统设计的内容之一。品牌定位和品牌 VI 系统设计是进攻消费者心智的两把利剑。视觉识别之所以重要，是因为人类所感知的外部信息，有大约 83% 是通过视觉传达到人们心智的。

1. 品牌Logo设计的主要形式

（1）图形 Logo 与品牌名称

图形 Logo 和品牌名称的组合较为常见，大部分流通类产品的品牌 Logo 都是依照这个模式设计的，也适合所有行业，如图 3-1 ～图 3-3 所示。

图3-1　华为Logo　　　　图3-2　格力Logo　　　　图3-3　中国银行Logo

（2）纯字体 Logo

纯字体 Logo 过去常见于电子科技类品牌，主要是为了表现品牌的科技感，现在商业社会信息过于纷杂，越来越多的行业品牌都采用此类设计形式，简约而直接地表达品牌成了主流。但字体属于抽象图形，其缺点是不便于记忆，因此，很多非电子科技类品牌会在字体上做一些变化，以形成差异点，或者通过对其他图形的创作和使用，来辅助纯字体 Logo，提高品牌 Logo 辨识度。图 3-4 ～图 3-6 所示为纯字体 Logo。

图3-4　联想Logo　　　　图3-5　海尔Logo　　　　图3-6　vivo Logo

（3）纯图形 Logo

单独使用纯图形 Logo 的品牌，一般都会经历很长时间的品牌积累，以形成非常好的市场认知。否则，在当下社会环境中，是比较危险的品牌构建和传播方式，人们对图形的理解，更多是"它可能代表谁"，而对文字的理解是定性的，即"它是谁"。图 3-7 ～图 3-9 所示为纯图形 Logo。

图3-7　苹果公司Logo　　　　图3-8　耐克Logo　　　　图3-9　万事达卡Logo

2．品牌Logo图形设计

一个商业品牌的 Logo 设计，首先是商业行为，因此必须考虑其商业性，再考虑艺术性。所以，企业在开展 Logo 设计的时候，要注意以下几个方面。

（1）与品牌定位匹配

品牌 Logo 的设计风格要按品牌的定位进行匹配设计。如果按照一个人的形象来看，品牌定位就像人的思想学识，是内在核心，而品牌 VI 就是人的体型、着装、发型等外在的展现，品牌的 Logo 就如同人的脸。所以，在开展品牌 Logo 设计项目的时候，一定要先完成品牌定位的策划工作，将品牌由内而外地进行表达和呈现，做到品牌定位与品牌形象一致。

例如，一家经营传统中成药的公司，它的品牌 Logo 一般采用传统元素进行设计，最终品牌 Logo 表现出来的也应该是传统风格；而同样是一家经营传统中成药的公司，但产品更趋向孕婴市场，其品牌 Logo 最终呈现的形态需要更受年轻妈妈的喜爱才合适。

图 3-10 所示为"同仁堂"的 Logo，在有着悠久历史文化的中国，龙是至高无上的象征，与同仁堂数百年的制药精华及特色匹配。同仁堂因方独特，选料上乘，工艺精湛，药品疗效显著，在医药市场上享有盛名。两条飞龙图案，代表源远流长的中国医药文化历史，"同仁堂"这 3 个字表明了品牌的名称。整个Logo 标志着同仁堂的品牌特色。

图3-10 "同仁堂" Logo

（2）品类原型设计要讨巧

品类原型是指某种产品或服务的物理属性，或者是长期以来业界默认的使用某种图形来表达某一产品品类。

例如，过去座机电话的符号，已经成为现代电话通信 Logo 的原型，手机接听符号也是座机电话的听筒符号。这种符号已成为"众所周知，无须教育"的符号，因此在品牌推广时会节约大量传播精力与费用。

但这种品牌 Logo 在申请商标注册时，会遇到雷同的问题。因此，即便找到讨巧的创作路径和设计元素，也需要进行深度创新，以方便商标注册。

西麦的 Logo 采用了麦子形状的设计元素，如图 3-11 所示。汉堡王的 Logo 就是一个丰满的汉堡包的形状，如图 3-12 所示。中国国际航空公司（以下简称国航）的 Logo 为一个艺术化的凤凰图案。"凤凰"是中华民族远古传说中的祥瑞之鸟，为百鸟之王。经艺术化创作之后又是英文尊贵客人"VIP"（Very Important Person，VIP）的艺术变形。以凤凰图案为主设计元素，突出了国航的地位，具有明显的行业识别性，如图 3-13 所示。

图3-11 西麦Logo　　　图3-12 汉堡王Logo　　　图3-13 国航Logo

（3）具备良好的记忆度

良好的记忆度是所有商家所期望的，是品牌构建与传播的重要指标。

形成记忆的方式有很多，如"意料之外""画面感""视觉冲击力"等，都是非常容易形成大脑记忆的方式。

苹果公司的Logo是一个完整的苹果图形上有一个缺口，这就形成了意料之外的记忆点，如果是一个完整的苹果，相信大家都很难记住它，如图3-14所示。

具象化图形比抽象图形更容易在大脑中产生"画面感"。

喜家德水饺的Logo图形设计就极具画面感，"奔跑的水饺"象征着喜家德水饺将一如既往地不断前行，"举起的大拇指"则寓意着喜家德水饺对顾客的承诺，如图3-15所示。

还有一些图形带有很强的视觉冲击力，如通过强烈的色彩对比、图形对比等，都可以增强受众的记忆度。

太二老坛子酸菜鱼的Logo采用的是深受年轻人喜欢的酷黑动漫形象风格。正在切鱼的人物形象、黑白色调的鲜明对比、富有张力的放射状线条，三者相结合，令人印象深刻，被食客们戏称为"被卖鱼耽误的漫画公司"，如图3-16所示。

图3-14 苹果公司Logo　　图3-15 喜家德水饺Logo　　图3-16 太二老坛子酸菜鱼Logo

（4）具有一定美感，提升品牌气质

品牌Logo设计是品牌整体形象设计中最核心的环节，而且品牌Logo一旦确定，会使用很长时间。例如，可口可乐的Logo一百多年来基本没有更换，只在字体上持续优化，图3-17所示为可口可乐Logo的演变历史。所以，企业会将所有的资源投入品牌建设上，而品牌Logo则是这个品牌资产的重要载体，因此品牌Logo设计要请专业机构进行创作，要让品牌Logo具有一定美感，这样才能增加品牌的美誉度，提升品牌气质。

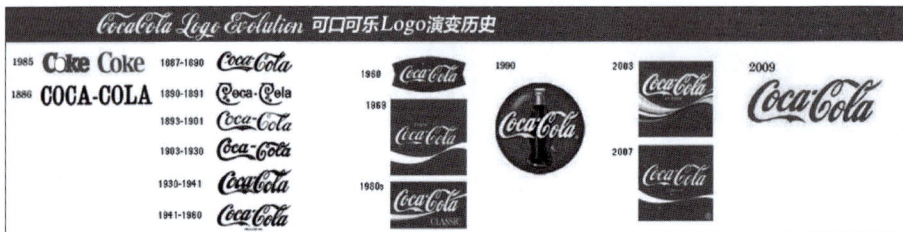

图3-17 可口可乐Logo的演变历史

（5）具备延伸应用的拓展性

品牌Logo设计一定要考虑未来在传播推广方面延伸应用的拓展性，主要表现在以下两个方面。

① 应用材料的拓展性。主要表现在立体构成设计和渐变多彩的色彩表现，不过随着技术的发展，绝大部分品牌Logo设计都可以找到对应的技术来实现，只是在成本上会有所增加，以及在效果的还原度上会受限。

② 应用场景的拓展性。主要表现在较小的和较远的传播载体上，品牌Logo呈现的效果是否会受到影响，尤其是现在移动端阅读较多，屏幕并不大，信息也非常纷杂，因此就要求品牌Logo尽量简洁；而在户外载体上，尤其是高楼、球场等户外广告上，也需要相对简洁有力的品牌Logo，过于琐碎纷杂的构成，会影响品牌的传播效果。

根据调查，超过80%的消费者在看到万事达卡的Logo时，就算该Logo中没有"MasterCard"字样呈现，消费者也能够准确地认出来。因此，万事达卡将品牌Logo中的文字弱化，突出图形符号，使其品牌Logo能够更加灵活地在数字环境中传播。这一变化使万事达卡成为少数能够通过无字标志被广泛识别的公司之一，如图3-18所示。

图3-18 万事达卡Logo的演变历史

（6）杜绝有歧义的设计

品牌 Logo 设计一定要尽量杜绝采用有歧义的图形，如令人产生不良联想的图形，开展品牌 Logo 设计时需要参考地域解读差异因素。

3．品牌Logo字体设计

美术字体非常丰富，企业在品牌 Logo 和传播广告中使用的字体，需要根据品牌定位来设计或者甄选使用。

（1）字体的种类

通常我们把 PC 端的美术字体分为三大类：衬线体、无衬线体、手写体。

① 衬线体

特征：衬线体在开始和结束处有额外的修饰，且笔画横竖粗细不一。宋体就是典型的中文衬线体。

用途：因衬线体易读性高，适合用于图书、报刊等整文阅读的正文版面编排。

② 无衬线体

特征：无衬线体没有额外装饰，笔画的粗细均匀，更简约。黑体就是典型的中文无衬线体。

用途：无衬线体字体较为醒目，一般适合用于文章的标题。但在如今屏幕阅读时代，大量正文也开始采用无衬线体，如苹果电脑操作系统、移动端 App 等，另外现在更多的品牌 Logo 中的字体也采用无衬线体。图 3-19 所示为衬线体和无衬线体的区别。

图3-19　衬线体和无衬线体的区别

③ 手写体

特征：手写体更加轻松随意。常见的手写体有毛笔书法体、硬笔书法体等。

用途：因为手写体更具人性化，但识别性并不强，一般适用于广告语，或者装饰性文案。

同样，PC 端字库内的字体，一般都有专属版权，企业在使用时需要注意该字体是否拥有使用权。一般除系统自带的黑体、宋体、隶书外，其他字体都是版权字体。

（2）字体设计，识别最重要

无论纯粹字体 Logo 设计，还是与图形 Logo 匹配品牌名称中的字体设计，一定要遵循"一眼识别"的原则，绝对不能让消费者去猜测文字内容，那样品牌推广的成本就太高了。

造成字体不能被一眼识别的原因主要有以下两种。

① 采用篆、行、草书法体，设计师要通过调研，以及距离和传播载体的测试来进行甄别，如果达不到被一眼识别的效果，尽量调整或者规避为好。

② 设计师的设计理念造成的，尤其是采用连笔、省笔、错排等各种创作手法，这种情况同样需要设计师进行调研和测试，尽量避免此类问题。

4．品牌Logo色彩设计

（1）从品牌定位入手

首先还是需要从品牌定位入手，从目标客群着手，从品牌人格化设定进行品牌Logo 色彩的设计。

例如，一个智能电器品牌，品牌定位是智能家庭好帮手，它的目标客群的特点是男性咨询购买比例较高，女性使用比例较高，此时，更多的是要考虑智能电器真正使用者的喜好，也就是针对女性使用人群，结合智能电器产品特性来设计品牌Logo 的色彩，如采用高级灰作为总体基调，搭配橙色、玫瑰金、水绿等颜色，就比较适合该品牌。

（2）符合色彩心理学

色彩是有情绪与气质的，企业赋予品牌 Logo 不同的颜色，便会给人不同的气质和格调。成功的品牌 Logo 色彩设计不但会激起消费者的购买情绪，还会为产品带来不一样的附加价值。

一般来讲，色彩定律就是越灰暗越高端，越鲜亮越活力。高端产品的品牌 Logo一般会采用灰暗的色彩；年轻时尚产品的品牌 Logo，就会选择鲜亮的色彩，如儿童类产品的品牌 Logo。

查一查

什么是色彩心理学？

_____

_____

（3）注意品类原色与差异化思维

品类原色是指该产品本身固有的色彩认知。品牌 Logo 的色彩设计可以直接使用品类原色。例如，设计一个咖啡品牌 Logo，可以采用品类原色——咖啡色作为品牌色彩，这样做的好处是可以帮助消费者快速认识该品牌，减少传播成本。但在商业竞争中还要讲求差异化，从品牌定位的产品角色或者消费情境出发，也可以不采用品类原色。

（4）可传承既有品牌色彩

品牌色彩传承也是品牌资产传承，尤其是已经运营很长时间的企业，在市场建设方面投入比较多，消费者对其品牌已经产生了一定认知，这种情况下一般建议传承既有品牌色彩，以确保品牌资产不流失。当然，也可以根据消费趋势与审美趋势，适当做优化微调。

2018年，汉庭酒店的品牌Logo（见图3-20）做了一次升级，此次升级的品牌Logo继续以"马踏飞燕"为图形载体（见图3-21），但从一匹历史雕刻的骏马图案，改成了注入蓬勃生机陪伴大众奔向未来的"萌马"图案。

图3-20　汉庭酒店旧Logo

图3-21　汉庭酒店新Logo

国牌风采

绘东方美学，立"国货"彩妆

——弘扬中华美学·设计品牌形象

【关键词】中华文化；东方美学；品牌形象

2022年7月，工业和信息化部、商务部、国家市场监督管理总局等五部门联合印发了《数字化助力消费品工业"三品"行动方案（2022—2025年）》，提出要加快推进产品设计、文化创意、技术创新与品牌建设融合发展，将中华传统文化元素有效融入中国品牌，深度挖掘品牌文化价值内涵，探索开展企业品牌价值评价。

"花西子"品牌于2017年3月8日诞生于中国杭州，是一个以"东方彩妆，以花养妆"为理念的彩妆品牌。2019年9月，"花西子"来到纽约时装周，第一次亮相世界舞台。6年时间已成为"国货"彩妆销量王，2022年销售总额超过54亿元。

品牌以探寻中华传统文化和挖掘深层次底蕴的东方美学为底层逻辑，在品牌Logo、品牌名称、产品包装等设计中将东方美学和现代时尚元素相结合，诠释东方美学的独特魅力。花西子的品牌Logo如图3-22所示。

1. 品牌Logo设计

① 花卉之形，时尚之美。寓意"花西子"要做精致时尚的中国彩妆。

② 古典之窗，东方之韵。寓意"花西子"要为世界打开一扇东方之窗。

③ 融汇共生，平衡之美。寓意"花西子"既坚守古典的含蓄内敛，又融合现代的开放、创新。

2. 品牌名称设计

"花西子"中的"花"，是指以花养妆。"西子"指西湖亦指西施。"西子"二字，取自苏东坡诗句"欲把西湖比西子，淡妆浓抹总相宜"。品牌希望中国女性无论淡妆还是浓抹，一如西施般美丽动人。

3. 产品及包装设计

产品本身设计开创产品融入雕花、浮雕的国风元素，如图3-23所示。

图3-22　花西子的品牌Logo

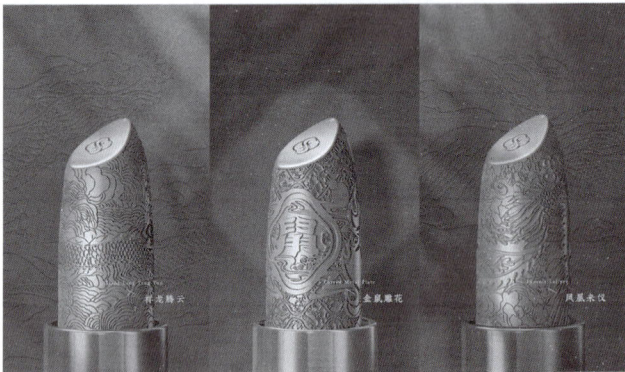

图3-23　雕花、浮雕的国风元素

包装色彩选用品牌主色——黛色，融合粉色搭配，整体视觉展现出一种东方古典与时尚雅致的巧妙融合。

包装外形设计，融入江南纸雕工艺和抬升工艺并结合传统文化元素呈现出极具东方美感的外形设计。

不仅如此，品牌团队不虚冠"国货"之名，而是将调研发现的历朝历代的古籍中美容养颜古方，融入产品的研发、设计中，真正做到把中华传统文化扎根品牌内涵中。只有这样才能持续地借助彩妆输出中华传统文化，让东方美学走向全世界。

二、品牌IP形象设计

1．什么是品牌IP

IP 是指知识产权（Intellectual Property，IP）。

从视觉角度讲，IP 可以是动漫形象、影视角色等。

从文化角度讲，IP 可以是迪士尼、故宫等。

从形态角度讲，IP 可以是栏目、会展、讲座等。

从企业角度讲，IP 可以是企业管理者、品牌代言人等。

因此说，品牌 IP 并非一个狭义的动漫形象，而是一个广义概念，是指具有一定延展性的品牌形象，并具备一定影响力或知名度的知识产权。

2．品牌IP构建的方法

品牌通过系统化 IP 构建、话题打造、延伸产品、互动链接等运营，激发品牌的社会化传播，从而最终实现品牌价值传递和变现。

（1）聘请名人代言品牌

名人是指在媒体和社会公众中具有一定知名度和影响力的社会公众人物，包括科学家、社会学家、社会知名人士、歌手、演员、体坛名将等。名人本身就会吸引很多关注，因此，通过聘请名人代言品牌，是较快建立品牌 IP 的方式。但是聘请名人的代言费用较高，且代言周期相对固定，因此需要注意以下几点。

① 根据品牌定位与企业价值观进行名人甄选，二者不相符的不宜采用。

② 依据品牌发展阶段及掌控资源进行名人甄选，"小马拉大车"就会非常被动。

③ 对成熟型品牌而言，其本身已经拥有良好的渠道布设，可以直接将传播力转化为销售力。

④ 对拓展型品牌而言，其具有快速运作市场的能力，可以应用代言的势能，迅速撬动市场。

⑤ 名人的负面新闻不可预测，企业须承担负面新闻的风险，做好公关预案。

查一查

"长寿花玉米油"从聘请演员作为品牌代言人，到改为牵手中国航天事业，这种品牌代言人的变化说明了什么问题？

_____

_____

（2）打造品牌管理者

打造品牌管理者指直接把企业管理者的个人精神注入品牌和企业中，从而产生巨大号召力，如任正非之于华为，雷军之于小米，董明珠之于格力。这种品牌 IP 的设定需要通过话题内容激发社会化主动传播，其优点是品牌资产不会流失，品牌 IP 一旦建立基本就会一直属于该品牌；缺点是企业管理者必须具备话题性，这取决于企业的社会地位，以及企业管理者本身的远见卓识和表达意愿。另外，除了话题的打造外，传播通路与传播声量一定要到位，这样才能真正形成品牌IP。

查一查

你知道哪些打造品牌管理者的故事？它们是如何打造自己的品牌管理者的？

_____

_____

（3）知名IP授权合作

知名IP包括各种脍炙人口的虚拟人物或者动物。知名IP授权合作方式一般需要注意两点：第一，IP要足够知名或者当下较知名，企业可以借助热点，直接进行产品开发与销售；第二，这类IP都是有明确授权周期（一般为1～2年）的，因此此类做法更多是应用于新品类、新产品的开发，力求快速占领市场，所以，一般应用于快消品，尤其是食品、化妆品、服装等领域。

通过知名IP授权，借由知名IP的广泛粉丝基础去吸引消费者的注意，可以有效助力品牌销量增加。近年来，随着国潮崛起，文博类IP接连爆火，年轻人成为文博类IP强有力的消费人群，可以看出，要赢得中国消费者的喜爱，讲好中国故事至关重要。推进文化自信自强，铸就社会主义文化新辉煌，文化自信再次成为社会热点。乘着国潮之风，中国李宁品牌与敦煌博物馆IP合作，以敦煌文化中的"地貌"与"征途"为灵感，开发出了兼具功能与美学的敦煌主体文化系列产品，同时利用线上粉丝微博，发起话题的广泛互动与传播，将"溯"与"拓"传达出来的追溯与探索等情感价值附于产品之上，实现了品牌价值的增值。

查一查

你知道哪些知名IP授权的品牌？

_____

_____

（4）自行创作品牌IP形象

企业可以通过自行创作品牌IP形象来完成品牌虚拟代言的设定，增加品牌传播的生动性和记忆度。这种方式的好处是相对自由，企业可以根据品牌的定位进行创作，不利的因素是企业需要较大资源来推动。

查一查

你知道哪些自行创作的品牌IP形象？

_____

_____

三、品牌广告片设计

1. 广告片的种类

广告片一般指品牌形象广告片和产品广告片，通常以实拍视频或者动画制作为主，经配音配乐而成。过去广告片的主要投放媒介是电视，所以广告片（Television Commercial）也叫 TVC。现在的广告片被投放在各种大小不一的屏幕上，即便在互联网时代，广告片依然被称为 TVC。电视台播出的广告片的常见时长为 30 秒、15 秒、10 秒、5 秒等。

过去广告片主要是产品广告片。现在广告片的类型除了产品广告片，还有品牌形象广告片、企业宣传片、品牌微电影、短视频平台广告片等，具体区别如下。

（1）产品广告片：以凸显某款产品的特性，以营销服务为主。

（2）品牌形象广告片：以强调品牌定位、增强品牌美誉度为主。

（3）企业宣传片：以全面或侧重某一视角介绍企业的状况及未来目标为主，一般时长较长（3～30 分钟）。

（4）品牌微电影：以凸显品牌的价值为主，盛行于 2010 年左右，采用电影的语言进行强化，有一定的观赏性，但侧重于后期的推广，一般制作成本较高。

（5）短视频平台广告片：通常侧重产品销售，因为无论是线下楼宇广告，还是各类线上 App 平台，消费者的关注点都较为分散，在有限的时间内，快速地传播产品信息，已成为短视频平台广告的创作要点。

2. 产品广告片、品牌形象广告片与短视频平台广告片内容设计的区别

（1）产品广告片内容设计

产品广告片的内容要在最为凸显的产品特质和优势上下功夫，可以采用独特的销售主张（Unique Selling Proposition，USP）理论工具，针对市场上的主要竞品，通过提炼梳理目标客群的最大痛点，总结出该款产品的"单点优势"，以形成独特的销售主张。产品广告片时长一般在 30 秒以内，不能过多赘述，更不能以"故事"的逻辑概念来展开创作。

🙎 知识拓展

USP 理论

USP 理论是 20 世纪 50 年代初美国人罗瑟·里夫斯提出的，其特点是必须向消费者陈述产品的特点，同时这个特点必须是独特的。

USP 理论包括以下 4 个方面。

（1）强调产品具体的特殊功效和利益——每一条广告都必须对消费者有一个销售主张。

（2）这种特殊性是竞争对手无法提出的——这一项主张必须是竞争对手无法提出的，须具有独特性。

（3）有强劲的销售力——这一项主张必须很强，足以影响消费者。

（4）20世纪90年代，达彼思将USP定义为：USP的创造力在于揭示一个品牌的精髓，并通过强有力的、有说服力的语言来证实品牌的独特性。

在有限的时间内，不断重复产品独特的销售主张，以及采用"强消费指令性语言"，成为当今产品广告的一大创作手法。

BOSS直聘的某版广告画面中，一群愤怒的年轻人分成两拨，扯着BOSS直聘的绿白色条幅，像比赛一样剑拔弩张。齐声呼喊"找工作，上BOSS直聘。找工作，直接跟老板谈。升职、加薪，找工作，上BOSS直聘"。

独立思考

你是怎么看待BOSS直聘的电梯广告的？

_____

_____

（2）品牌形象广告片内容设计

品牌形象广告片与产品广告片最大的区别就在于"不是那么功利"，没有特别强化"消费利益"，更多是采用"润物细无声"的手法，来传达品牌价值观，以此达到增强品牌美誉度的效果。但必须明白，此类广告并不能在短时间内提升营销效果，并且在投放方面，应尽量避免较多干扰的投放环境和载体。例如，人员流动较大的办公楼和电梯间就不适合品牌形象广告的投放。

《发现百雀羚，爱上天然美》的品牌形象广告片："还记得妈妈梳妆台上蓝色的温情小铁盒吗？每每期待妈妈涂抹完，也能涂在我们的小脸上。这个独有的芳香不仅伴随着众多演员引领一个时代的芳华，也蕴含着太多让人魂牵梦绕的美丽回忆。百雀羚那几只灵动的小鸟，如今已勇立枝头，越飞越高，一直萦绕在你身边……"广告片用动画和自述的方式，娓娓道来，唤醒了大部分消费者的记忆并激发新一代消费者的热情。

（3）短视频平台广告片内容设计

随着移动互联网的发展、智能手机的普及、5G技术的应用，短视频平台成为消费者重要的信息来源之一，快手、抖音更是证明了短视频的火爆。无可置疑，短视频营销时代已经到来，短视频平台已成为品牌营销的新阵地。

使用短视频平台广告片作为品牌的传播手段不能沿用传统的产品广告片和品牌形象广告片的拍摄逻辑。据统计，消费者目前之所以关注短视频，大多是为了娱乐放松和打发时间。因此，短视频平台广告片的设计，要结合消费者关注短视频的主流因素，迎合消费者碎片化、轻量级和轻松化的内容消费需求，只有这样才能带来流量，达到品牌传播的目的。

为了强调某款小米手机外壳的"硬"，雷军在其微博上转发了该款手机砸核桃的短视频，名人效应加上有悖认知的冲突行为，使如此简单的短视频，流量惊人，如图3-24所示。

图3-24　雷军在其微博上转发小米手机砸核桃短视频

3. 广告片脚本设计的技巧

广告片通常由视觉要素和听觉要素构成。视觉要素包括屏幕画面和字幕，听觉要素包括人声、音乐和音响。

广告片通常先经过广告片策划者撰写广告文字脚本和分镜头剧本后投入拍摄，拍摄后再经过剪辑、配音、配乐、加字幕或插入动画特技等环节才能被最后完成。在开机拍摄前，广告片策划者要用文字去表达消费者会看到的画面和听到的配音和音乐，这就是广告片脚本。

优秀的广告片可以直接提高广告片的传播速度，达到预期的推广效果。而决定广告片质量的直接要素就是广告片脚本，可以说广告片脚本就是整部广告片的灵魂，是至关重要的一环。广告片脚本的设计要注意以下几点。

（1）广告片主题的确定要围绕品牌定位和产品卖点

广告片是为品牌和产品服务的，广告片策划者首先要研究该品牌的行业、企业、产品等各个方面的信息，深入了解其品牌定位和产品卖点，从目标消费者的欣赏品位出发，确定广告片的主题；并围绕主题构思广告片的内容，确定表现形式和技巧。

（2）广告片视觉要素设计要符合品牌视觉风格

品牌的构建是一项系统工程。品牌定位相当于完成了品牌的内在设定，而品牌的外在表现，可以理解为品牌的视觉风格。

品牌的视觉风格一旦确定，就要按照既定方案进行品牌的传播，坚持长久如一的传播，不要根据营销的变化而随意改变。例如，恒大冰泉因为品牌定位的不断变化，品牌的视觉风格也总是随着改变，因此，该品牌在市场上的表现就不尽如人意。

想一想

恒大冰泉的品牌定位与传播为什么会失败？

_____

_____

（3）广告片听觉要素要与品牌听觉符号特质相统一

品牌听觉符号，就是将特定的音乐或者声效，作为品牌的"听觉 Logo"来固化，并坚持重复该声音，以有效地与竞争品牌进行区隔，起到品牌识别与传播的功能。把听觉上升到品牌符号层面的代表性案例，应该就是英特尔的"灯，等灯等灯"了。再比如有的手机品牌有自己的"经典铃声"，一旦铃声响起，消费者就会知道这是哪个品牌的手机。

品牌听觉符号的组成包括语言、音乐、声效，可以是单一类型，也可以是它们的组合。例如，英特尔的"灯，等灯等灯"、QQ 的"滴滴滴滴"等声效属于单一类型，京东商城的"京东～"、可口可乐的"噗嗤"的开盖声，然后消费者大口灌入可乐时喉咙发出"咕咚咕咚"综合声效，就是语言、音乐、声效三位一体。

想一想

你还能找出哪些听觉符号是某个品牌独有的？

_____

_____

声音作为广告片的一部分，以其本身具有的节奏感优势，配合广告片叙事节奏，参与情感表达，是画面表现的补充和丰富。其中，人声是广告片中刻画人物形象的主要手段，包括音色、音高、力度、节奏等；音乐则能直接打动人心，唤醒消费者思想、感情和心灵情绪；音响包括动作音响、自然音响、背景音响、特殊音响等，具有增添生活气息、烘托环境气氛、创造节奏、产生寓意等艺术效果。

🚶 **国牌风采**

科技扩容国力，美学精致生活

——弘扬中华美学·品牌感官设计

【关键词】品牌自立；科技创新；审美素养

教育、科技、人才是全面建设社会主义现代化国家的基础性、战略性支撑。

必须坚持科技是第一生产力、人才是第一资源、创新是第一动力，深入实施科教兴国战略、人才强国战略、创新驱动发展战略，开辟发展新领域新赛道，不断塑造发展新动能新优势。创立民族科技品牌，优化民生生活已成为我国企业的战略发展方向。

面对着快节奏的生活和工作，整日被城市的喧嚣裹挟着前进，消费者有时候也需要静下来聆听生活。小米在成立10周年之际，小米有品发布了一支广告片"日常美好听得见"，运用了感官营销（Autonomous Sensory Meridian Response，ASMR）的方式，以声音为线索，按时间顺序串联起平常一天的生活场景，将日常好物进行串联：从早晨起床闹钟响起、吃早餐、浇花、喂猫、开始工作、品尝咖啡，再到跑步、吃零食、吹头发，一天的精致生活通过视觉和声音的形式传达了出来。这些看似日常的声音，因为解压，能引起消费者的极度舒适。用沉浸式全景声展现触手可及的美好生活小确幸，带给消费者想象，传递出小米有品为人们创造便捷、精致生活的理念。图3-25所示为小米十周年感官营销广告片。

图3-25　小米十周年感官营销广告片

科技推动国力发展，美学成就优质生活，自立铸就中华名牌。一直以来，小米始终坚持做"感动人心、价格厚道"的好产品，力争让全球每个人都能享受科技带来的美好生活。同时，将美学根植企业文化，许商业以敦厚，许科技以温暖，许大众以幸福，让世界看到更加绚烂而深邃的中华美学。

查一查

广泛查阅资料，了解什么是 ASMR 广告？

_____

_____

（4）广告片文字应惜墨如金、笔不留尘

广告片追求的就是用最少的投资来实现产品效益回报的最大化。广告费是以秒为计算单位的，投资的一分一毫都是为了让这个广告片引得消费者赞不绝口，根本目的是为了让消费者对所宣传的品牌产生好感，对该品牌下的产品产生好感，从而产生购买行为。广告片的商业性决定了其"简约而不简单"的本质特征，广告片必须在有限的时间内，传播出所要传达的内容。所以广告片中的文字要求精致和简练，广告片中每一个角色口中的每一个字，都要能为品牌增色。比起一个废话连篇、力道孱弱的十分钟广告片，消费者当然会更喜欢一个字字珠玑、鞭辟入里的三分钟广告片。

（5）广告片剪辑要注意画面逻辑

画面逻辑是广告片脚本的基本属性。在创作广告片脚本时要注意画面逻辑的把握。每一个镜头的递进和衔接都需要有逻辑、有层次感、有演绎意识，要让广告片更具欣赏性。

查一查

抖音达人"山白"的视频剪辑有什么特点？你从中得到什么启示？

_____

_____

（6）广告片创意贵在创新

广告创意是广告的灵魂。创意的创新来源于生活，所以要从消费者的角度寻找广告片创新的亮点，这样设计的广告片才能吸引消费者，达到有效传播的目的。

四、品牌终端形象设计

1. 什么是销售终端

销售终端是指产品到达消费者处并可在此完成交易的最终端口，通俗讲就是消费者能够买到产品的场所。在线下，汽车的销售终端是 4S 店，化妆品的销售终端可能是商场的专柜；在线上，产品的销售终端可以是淘宝网或者京东商城，也可以是抖音商城或者微店，还可以是朋友圈的分享信息（微商）。

2. 品牌线上终端形象设计

品牌线上终端形象的展现渠道大致可以分为官方网站、线上网店、线上公共传播平台。

（1）官方网站

近几年，不少中小型企业认为，直接入驻网上销售平台销售产品就行，无须再自建一个官方网站，其实官方网站是互联网上一切信息的归口单元，它是品牌的核心"门面"，同品牌所属的公司 / 工厂在哪里、是什么样的规模一样重要，它的职能不是网店所能代替的。

官方网站除了让消费者查看产品信息外，同时也是相关主管部门，以及上游供应商了解企业的重要途径。因此，企业在构建官方网站时，除了遵循品牌 VI 设计外，更重要的是企业的产品板块信息是否能充分展示产品信息和更新信息、企业的新闻动态更新信息等。

官方网站需要考虑网店和其他端口的连接通道，如天猫店的连接入口、微店的入口、微信订阅号的入口等，图 3-26 所示为宏济堂官方网站首页。

图3-26 宏济堂官方网站首页

另外，随着技术的发展，官方网站的建设尽可能采用自适应屏幕分辨率技术，从而使网站的页面在 PC 端、移动端等不同终端可自行适应其分辨率。

（2）线上网店

线上网店包括电商平台（如淘宝网、京东商城等）、各类移动端网店（微店、抖音商城等）、企业自建的网上商城，甚至包括微商自发的信息等，只要消费者可以从展示的页面直接下单购买产品的，都称之为线上网店。

线上网店的核心职能就是交易，因此所有产品广告宣传的指向入口必须要和线上网店打通（通常为二维码链接），引流入店并形成交易。

无论什么形式的线上网店，都需要纳入品牌形象管理体系。现在由于线上交易的不断普及，在消费体验方面，各线上网店也会有严格展示要求。例如，淘宝网对产品展示的具体要求为产品白底图、产品短视频等，以体现产品高品质的品牌形象。企业大都会配备专业人员对接服务，在组织可视化素材时，包括 Logo 的使用规范，图片、文字、版面的编排都需要遵照品牌 VI 手册规定要求进行，图 3-27 所示为宏济堂天猫旗舰店首页。

图3-27　宏济堂天猫旗舰店首页

（3）线上公共传播平台

线上公共传播平台指一切可用于品牌传播的平台，包括开源型信息平台（如微博、百度百家号等）、封闭型信息平台（如微信公众号等）、各种视频分享平台（如抖音、映客直播等），以及各种门户网站（如新浪网、搜狐网、凤凰网等）、行业门户网站（如财经类、能源类、汽车类网站等）。企业要利用好这些线上公共传播平台，并将其作为品牌形象传播的重要发声窗口。

3. 品牌线下终端形象设计

线下销售终端主要包括门店（如 4S 店、品牌专卖店、商场中的店中店）和专柜（如商场或者超市中的生鲜专柜、化妆品专柜）。

想一想

是不是所有产品都可以采取线下终端门店销售模式呢？什么样的产品更适合开设线下终端门店？

_____

_____

门店与专柜的形象就是品牌线下终端形象，是品牌定位的具体呈现，是展现品牌气质的载体。品牌线下终端形象的展现渠道大致分为橱窗设计、装修设计、动线设计、光线设计、陈列设计、人文关怀设计等。

（1）橱窗设计

消费者在进入门店前，都会有意无意地浏览橱窗，橱窗的设计效果将会影响消费者的购买情绪。橱窗的设计，首先要突出产品的特性，同时又能使橱窗布置符合消费者的审美，即让消费者看后产生舒适感，对产品有好感。好的橱窗设计既可起到介绍产品、指导消费、促进销售的作用，又可成为门店吸引过往行人的艺术佳作。

如果说有什么方法，可以不花钱也能欣赏国际顶尖设计师的设计作品，那么观看知名品牌的橱窗设计，实在是再好不过的捷径了。爱马仕（HERMES）作为全球知名品牌的代表，不仅是人们趋之若鹜的梦想产品，更是一种文化与内涵的象征。爱马仕每年在全球各地上演的"橱窗大片"都可以称得上是软装陈列界教科书级的精品。例如，爱马仕以"自然博物馆"为主题，在进行橱窗设计时，所有布置均取材于皮革和折纸。在这个"科技为王"的时代，爱马仕这个忠于传统手工艺的知名品牌，从未放弃向人们展示来自手工艺世界的魔法，如图3-28所示。

图3-28　爱马仕的橱窗设计

（2）装修设计

门店和专柜的装修设计应使该品牌的Logo、字体、颜色等品牌形象元素在墙面装饰、陈列装置、设施设备等地方反复出现。此外，装修材料也是品牌气质的承载体，需要根据品牌定位进行选择。例如，白色和原木色的材料给人一种温暖的感觉，大理石和铜就会给人一种高贵的感觉……

麦当劳门店的内部装修用的是萨米特的工装材料，装修风格古色古香，木制的桌椅，微微的光线，非常优雅。麦当劳的"M"是一个广为人知的标志，体现了麦当劳的风格与个性，如图3-29所示。

图3-29　麦当劳门店的装修设计

（3）动线设计

动线设计是指对消费者移动路线的设计，即消费者进入门店先看到什么，后看到什么，都是经过策划的。一般来讲，热销、打折、相对低频的产品放在门店前部，而相对高频的产品放在门店后部，这样可以让人流自然流向整个空间。

在动线设计方面，来自瑞典的宜家家居堪称楷模，宜家家居有"迷宫式"的动线设计，还有随处可见的能够激发消费者购买欲望的消费提示和促销手法，如图3-30所示。

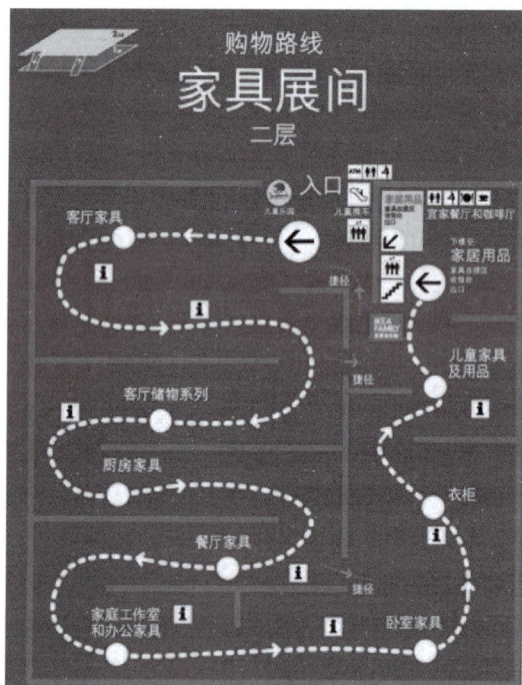

图3-30　宜家家居的动线设计

（4）光线设计

整个门店光线的好坏直接决定生意的好坏，暖光的促销效果会强于冷光，追光用于凸显某个产品，因此它是促销好帮手。

（5）陈列设计

在陈列设计中，量感陈列是极其重要的概念，一定要营造出"产品丰富"的感觉。如果像艺术馆那样稀疏地陈列产品，是卖不过杂货铺的。陈列设计还要考虑人体工程学，主要是指产品展柜和货架的尺寸要方便消费者拿取产品。此外，还要注意陈列的技巧，产品越容易被拿到，产品就越热销，如陈列高度为 1.1 米～ 1.4 米的日常用品一般卖得比较好。

想一想

不同品类的产品，在陈列设计上应该有何不同？

_____

_____

（6）人文关怀设计

任何理性诉求，都抵不过对消费者的真心关怀。"7-11"零售便利店会根据天气预报来调整货品陈列。例如，天气突然变凉，"7-11"零售便利店就会减少冷饮的展示比例以及促销信息，并适当增加给人温暖的产品的陈列数量。

五、品牌感官设计

人有五感，即形、声、闻、味、触，对应的感觉器官是视觉、听觉、嗅觉、味觉、触觉。

日常生活中，对于要选购汽车的消费者来说，他们通常会先在网上查询汽车的各项指标、功能和价格，但是几乎所有消费者最终都会到 4S 店再决定是否购买。他们需要切身体会手握方向盘的感觉，听各种指示音，感受座椅的舒适度甚至是新汽车的气味，然后才能决定是否购买。购买汽车的过程，不仅是一个理性抉择的过程，同时也是一段感官体验的过程。

当今社会是一个信息爆炸、消费者注意力极易被分散的社会，企业抓住消费者的心智是极其不易的。因此，企业在塑造品牌的过程中，应当尽可能地调动消费者5 种感官中的多种感官，来提升品牌的整体影响力。

1．视觉：塑造品牌第一印象

视觉是人的五感之中最强大的感官。人们日常获取的信息中，约 83% 的信息是通过视觉接收的。视觉元素是品牌带给消费者的第一印象，如雀巢咖啡的红色杯子、可口可乐的弧形瓶子、苹果的白色耳机、麦当劳的 M 标志等。

想一想

当你看见某种颜色会不会联想到某个品牌？

_____

_____

2. 听觉：调动消费者情绪和情感

声音是品牌建设中的第二法宝。试想一下，如果把电影的配乐去掉，你还会觉得某些场景感人肺腑吗？研究表明，声音可以记录更多的信息，以形成综合记忆。所以这就是为什么"文字自带声音""声音自带画面"，如煎牛排的"滋滋"声响、"对不起，你所拨打的用户已关机，请稍后再拨"等。

诞生于1998年的英特尔处理器的广告声音，是最经典的运用声音连接消费者认知的案例，几乎没有消费者真的看到过英特尔的芯片产品，但英特尔通过将声音、颜色、商标三者结合在一起，清晰地传达了英特尔产品的信息——"不见产品本身，仍然深入人心"。

想一想

哪些声音可以让你联想起某个品牌？

_____

_____

3. 嗅觉：增强品牌吸引力

人们可以轻松闭上双眼或转移视线，也可以选择避开各种触觉和味觉体验，但唯有嗅觉，人们不能主动关闭，这是气味营销的一个巨大优势。多项研究表明，气味在消费者对品牌的接受度方面具有重要的作用，气味越来越成为品牌的高效"附加元素"。

在嗅觉营销上的经典案例是新加坡航空公司（以下简称"新航"）及其品牌香氛斯蒂芬佛罗里达之水。新航的空姐们在身上喷洒这种洋溢着异国情调的亚洲风味香水，为登机旅客提供的热毛巾也散发着同样的气味，凭借这股独特的气味，新航从众多竞争对手中脱颖而出。

想一想

为什么每个电影院都会充满爆米花的独特香味？

_____

_____

4. 味觉：增强品牌力度

除了食品和饮料行业，运用味觉做品牌宣传的行业还是很少见的，但是，这样做的确能增强品牌的宣传力度。商场中卖糕点、牛奶、水果的商家，几乎都设置了小展台，摆放试吃品供消费者免费品尝，就是为了将消费者的消费欲望前置，最终达到销售产品的目的。简单说，就是用产品的味道，吊起消费者的胃口，每次消费者一想吃，就想到该产品，从而购买该产品。

《舌尖上的中国》透过屏幕触动了无数人的味蕾，打造了品牌传播的成功典范。而之前"刷爆"朋友圈的"崂山白花蛇草水"，因其味道独特而引发全民关注，同样提高了产品销量，也不失为一个经典案例。

除了免费品尝这种方法外，文案本身也可以让消费者感受到产品的味道，达到身临其境的效果。

煎饺——"每吃一个都有新的口感，感受新的味道，内馅柔润的好像要化掉一样，每嚼一口嘴里就溢满了鲜汁，微麻微辣的风味刺激着味蕾。"

口香糖——"嘴里含着一片薄荷森林，呼出的每口气都是自信的。"

5. 触觉：决定消费者心理认知

一个品牌的质地如何，在很大程度上影响着消费者对该品牌品质的评价。例如，消费者不喜欢塑料的数码相机，消费者不喜欢粗糙的制作工艺。消费者通常会依据"手感"而不是"外观"来评价产品的质量。这种"手感"就是触觉之一。

触觉是皮肤感觉中的一种，是轻微的机械刺激使皮肤浅层感受器兴奋而引起的感觉。触觉是一种细腻且丰富的感官感觉，它遍布人体全身，时刻给人带来感受。

星级酒店通过柔软适度的床垫、毯子、枕头等，让消费者紧绷的神经彻底放松，进入惬意、放空、悠闲的状态，获得绝佳的享受。

对于某些产品，消费者一向认为让自己感觉到重的东西更富有价值，更具有品质。如富有重量和质感的茶杯可以让消费者的手握力度加强，感受到杯子的分量和品质。有的商家会通过增加耳机的重量来让消费者的耳朵感受到更强烈触感。当然，根据品牌定位的不同，也有一些运动耳机产品专门为消费者打造轻盈无感的体验。

自学自测 ↓

一、单选题

1. 如果把品牌比喻为人，那么品牌 Logo 如同人的（　　）。

A. 身材　　　　　B. 着装　　　　　C. 发型　　　　　D. 脸

2. 在开始和结束处有额外的修饰，且笔画横竖粗细不一的字体是（　　）。

A. 衬线体　　　B. 无衬线体　　　C. 手写体　　　D. 非手写体

3. 使用品牌领导人作为 IP 的品牌是（　　）。

A. 安踏　　　　B. 天猫　　　　C. 格力　　　　D. 携程

4. USP 理论的核心是（　　　　）。

    A. 独特的销售主张　　　　　　　　B. 独特的产品形象

    C. 独特的竞争手段　　　　　　　　D. 独特的产品定位

5. 广告片的听觉要素不包括（　　　　）。

    A. 人声　　　　　B. 音乐　　　　　C. 音响　　　　　D. 字幕

二、多选题

1. （　　　　）是进攻消费者心智的两把利剑。

    A. 品牌定位　　　　　　　　　　　B. 品牌色彩

    C. 品牌 Logo　　　　　　　　　　D. 品牌 VI 系统设计

2. 品牌 IP 可以是（　　　　）。

    A. 动漫形象　　　B. 企业管理者　　C. 影视角色　　　D. 文化遗产

3. 广告片的类型包括（　　　　）。

    A. 产品广告片　　　　　　　　　　B. 短视频平台广告片

    C. 品牌微电影　　　　　　　　　　D. 品牌形象广告片

4. 突出某款产品的特性，注重产品类销售的广告片类型通常可以有（　　　　）。

    A. 产品广告片　　B. 短视频　　　　C. 微电影　　　　D. 品牌形象广告片

5. 线上品牌形象的展现渠道包括（　　　　）。

    A. 官方网站　　　　　　　　　　　B. 线上网店

    C. 品牌专柜　　　　　　　　　　　D. 线上公共传播平台

三、判断题

1. 品牌如人，人如品牌。（　　　　）

2. 品牌 Logo 的设计风格要按品牌的定位进行匹配设计。（　　　　）

3. 品牌形象系统的色彩体系一旦确定，就不能改变。（　　　　）

4. 品牌如果选择聘请知名人士担任代言人，任何一个都可以。（　　　　）

5. 线下销售终端指门店和专柜。（　　　　）

四、简答题

1. 简述品牌 Logo 设计的主要形式。

2. 简述品牌 Logo 图形设计的技巧。

3. 简述品牌 IP 构建的方法。

4. 简述产品广告片、品牌形象广告片和短视频平台广告片设计的区别。

5. 简述广告片脚本设计的技巧。

课中实训

👤 他山之石

蓝章策划——秦老太的品牌形象设计

对山东秦老太食品有限公司（以下简称秦老太）进行了品牌定位后，接下来就是对该品牌进行可视化设计，让品牌价值可以通过视觉被消费者感知。

秦老太原来的品牌 Logo 在设计构成上较为平稳，但对应"90后""00后"人群，稍显老旧，如图 3-31 所示。

图3-31　秦老太原来的品牌Logo

想一想

假如你是秦老太的品牌管理者，你想从哪几个方面来优化秦老太的品牌 Logo？

你认为秦老太要求的品牌 Logo 优化建议的创意出发点是什么？

你认为应该怎样构建秦老太品牌 IP？

你能帮秦老太设计一个短视频广告吗？

_____

_____

请用手机扫描右侧二维码获取蓝章策划对秦老太的品牌形象设计策划方案。

学习借鉴该案例中蓝章策划对企业进行品牌形象设计的思考方式，运用课前自学的知识、工具和方法，小组分工合作完成下列实训任务。

秦老太品牌系统
可视化

实训一　品牌Logo设计

任务一　品牌Logo图形/字体设计

任务描述：学生以小组为单位，沿用本小组在项目二创建的品牌（或者使用老师指定的某个品牌），首先，选择该品牌 Logo 设计的主要形式，然后根据选定的 Logo 形式，进行该品牌 Logo 的图形或者字体设计，并陈述创意思路。请将研究结果做成展示 PPT，并将要点记录在表 3-1 中。

表 3-1　品牌 Logo 图形 / 字体设计

研究目标	研究结果
品牌 Logo 的形式	□图形 Logo+ 品牌名称 □纯字体 Logo □纯图形 Logo
品牌 Logo 设计	
创意思路解析	

课中实训

任务二　品牌Logo色彩设计

任务描述：学生小组根据品牌定位和品牌特质，考虑目标消费者的喜好，对品牌Logo 进行色彩设计，并陈述创意思路。请将研究结果做成展示 PPT，并将要点记录在表 3-2 中。

表 3-2　品牌 Logo 色彩设计

研究目标	研究结果
品牌 Logo 色彩设计	

研究目标	研究结果
创意思路解析	

实训二 品牌IP形象设计

任务一 选择品牌IP形象

任务描述：学生以小组为单位，根据品牌定位和品牌人格化的结果，小组讨论并选择适合该品牌的 IP 构建方法，并陈述理由。请将研究结果做成展示 PPT，并将要点记录在表 3-3 中。

表 3-3 选择品牌 IP 形象

研究目标	研究结果
品牌人格化的结果	
品牌 IP 构建方法	□聘请名人代言品牌 □打造品牌管理者 □知名 IP 授权合作 □自行创作品牌 IP 形象

续表

研究目标	研究结果
选择原因	

任务二　品牌IP形象设计

任务描述：学生小组根据任务一选择的结果，进行品牌 IP 形象设计并陈述思路。请将研究结果做成展示 PPT，并将要点记录在表 3-4 中。

表 3-4　品牌 IP 形象设计

研究目标	研究结果
品牌 IP 形象设计	
创意思路解析	

实训三　品牌广告片设计

任务一　品牌形象广告片脚本设计

任务描述：学生以小组为单位，为品牌设计一则品牌形象广告片，撰写广告片脚本，要求符合品牌形象广告片内容的要求，有条件的小组可以录制广告片成品。请将研究结果做成展示PPT，并将要点记录在表3-5和表3-6中。

表 3–5　品牌形象广告片设计

研究目标	研究结果
品牌形象广告片主题	
品牌形象广告片故事梗概	

课中实训

表 3-6　品牌形象广告片脚本

镜号	景别	长度	画面内容	声音	字幕

课中实训

任务二　短视频脚本设计

任务描述：学生小组为品牌设计一则 15 秒以内的短视频，写出短视频脚本，符合短视频内容的要求，有条件的小组可以录制短视频成品。请将研究结果做成展示 PPT，并将要点记录在表 3-7 和表 3-8 中。

课中实训

表 3-7　短视频设计

研究目标	研究结果
短视频主题	
短视频故事梗概	

表 3-8 短视频脚本

镜号	景别	长度	画面内容	声音	字幕

实训四　品牌终端形象设计

任务一　品牌线上终端形象设计

任务描述：学生以小组为单位，对品牌的官方网站、线上网店、线上公共传播平台等线上终端提出形象建设设计并陈述理由。请将研究结果做成展示 PPT，并将要点记录在表 3-9 中。

表 3-9　品牌线上终端形象设计

研究目标		研究结果
官方网站	建议	
	理由	
线上网店	建议	
	理由	
线上公共传播平台	建议	
	理由	

任务二　品牌线下终端形象设计

任务描述：学生小组对品牌线下终端的橱窗设计、装修设计、动线设计、光线设计、陈列设计和人文关怀设计等提出形象设计建议并陈述理由。请将研究结果做成展示 PPT，并将要点记录在表 3-10 中。

表 3-10　品牌线下终端形象设计

研究目标		研究结果
橱窗设计	建议	
	理由	
装修设计	建议	
	理由	
动线设计	建议	
	理由	
光线设计	建议	
	理由	
陈列设计	建议	
	理由	
人文关怀设计	建议	
	理由	

实训五　品牌感官设计

任务一　品牌感官选择

任务描述：学生以小组为单位，根据品牌的特点，对品牌可以尝试调动的感官提出选择建议并陈述理由。请将研究结果做成展示 PPT，并将要点记录在表 3-11 中。

表 3-11　品牌感官选择

研究目标	研究结果
品牌感官选择	□视觉 □听觉 □嗅觉 □味觉 □触觉
选择理由	

任务二　品牌感官设计

任务描述：学生小组对任务一选择的品牌感官进行设计，详细描述每种感官的具体表现形式。请将研究结果做成展示 PPT，并将要点记录在表 3-12 中。

表 3-12　品牌感官设计

研究目标	研究结果
视觉	
听觉	
嗅觉	
味觉	
触觉	

课中实训

复盘反思 ↓

1. 知识盘点：通过对品牌形象项目的学习，你掌握了哪些知识点？请画出思维导图。

2. 方法反思：在完成本项目学习和实训的过程中，你学会了哪些分析和解决问题的方法？

3. 行动影响：在完成本项目学习和实训的过程中，你认为自己还有哪些地方需要改进？

实训项目评价 ↓

技能点评价表

使用说明：

按评价指标评价项目技能点成绩，满分为 100 分。其中，作品文案为 80 分，展示陈述为 20 分。教师评价占比为 40%，企业评价占比为 40%，学生互评占比为 20%。

课中实训

技能点评价指标		分值	得分
作品文案	品牌 Logo 设计的合理性	10	
	品牌 IP 形象设计的合理性	20	
	品牌广告片设计的创意性和吸引力	20	
	品牌终端形象设计的合理性	10	
	品牌感官设计的合理性	10	
	内容的原创性（不可过多陈述企业现有的成就和做法）	10	
展示陈述	演讲专业程度（包括视觉辅助工具的使用，如 PPT）	5	
	语言技巧和非语言技巧	5	
	团队合作配合程度	5	
	时间分配	5	

素养点评价表

使用说明：

按评价指标评价项目素养点成绩，按优秀为 5 分、良好为 4 分、一般为 3 分、合格为 2 分、不合格为 1 分 5 个等级评价。分为学生自评与小组成员互评。

素养点评价指标		得分
自评	团队精神和协作能力：能与小组成员合作完成项目	
	沟通交流和理解能力：能良好表达自己的观点，善于倾听他人的观点	
	信息素养和学习能力：善于搜集借鉴有用资讯和好的思路想法	
	独立思考和创新能力：能提出新的想法、建议和策略	
	品牌意识和责任精神：核心价值、意识信念与时代精神的提升	

续表

课中实训

素养点评价指标		得分
组员 1	团队精神和协作能力：能与小组成员合作完成项目	
	沟通交流和理解能力：能良好表达自己的观点，善于倾听他人的观点	
	信息素养和学习能力：善于搜集借鉴有用资讯和好的思路想法	
	独立思考和创新能力：能提出新的想法、建议和策略	
	品牌意识和责任精神：核心价值、意识信念与时代精神的提升	
组员 2	团队精神和协作能力：能与小组成员合作完成项目	
	沟通交流和理解能力：能良好表达自己的观点，善于倾听他人的观点	
	信息素养和学习能力：善于搜集借鉴有用资讯和好的思路想法	
	独立思考和创新能力：能提出新的想法、建议和策略	
	品牌意识和责任精神：核心价值、意识信念与时代精神的提升	
组员 3	团队精神和协作能力：能与小组成员合作完成项目	
	沟通交流和理解能力：能良好表达自己的观点，善于倾听他人的观点	
	信息素养和学习能力：善于搜集借鉴有用资讯和好的思路想法	
	独立思考和创新能力：能提出新的想法、建议和策略	
	品牌意识和责任精神：核心价值、意识信念与时代精神的提升	
组员 4	团队精神和协作能力：能与小组成员合作完成项目	
	沟通交流和理解能力：能良好表达自己的观点，善于倾听他人的观点	
	信息素养和学习能力：善于搜集借鉴有用资讯和好的思路想法	
	独立思考和创新能力：能提出新的想法、建议和策略	
	品牌意识和责任精神：核心价值、意识信念与时代精神的提升	
组员 5	团队精神和协作能力：能与小组成员合作完成项目	
	沟通交流和理解能力：能良好表达自己的观点，善于倾听他人的观点	
	信息素养和学习能力：善于搜集借鉴有用资讯和好的思路想法	
	独立思考和创新能力：能提出新的想法、建议和策略	
	品牌意识和责任精神：核心价值、意识信念与时代精神的提升	

课后提升

案例一 蓝章策划——鹿丫丫的品牌形象设计

鹿丫丫的品牌 Logo 设计，遵循"思考路径最短化"原则，主体是以字体为主，着重追求识别性。在 Logo 设计上，对两个 Y 进行特殊设计，使其更像小鹿的两只角，并通过心形的底色将字体反衬，增加 Logo 传播时的抗干扰能力。

鹿丫丫的 IP 形象设计，采用具有美好寓意和形象记忆的梅花鹿作为载体，动作上采用一手拿 Logo 底色造型的心形盾牌，一手攥拳的形态，形象生动的体现了抗菌与保护的品牌核心价值。

请扫描下列二维码获取蓝章策划对鹿丫丫的品牌形象设计策划方案。

1. 鹿丫丫品牌 Logo 设计

2. 鹿丫丫品牌 IP 形象设计

思考题

本案例中鹿丫丫的品牌形象设计是如何传递其品牌核心价值的？

_____

_____

案例二 蓝章策划——约读书房的品牌形象设计

约读书房的品牌 Logo 依然采用文字作为主体元素，因为受众人群是儿童，因此字体设计风格较为柔软与温暖，而色彩是顺延原本形象的颜色，最大程度地保护品牌资产。

约读书房品牌 IP 形象是"一只长着书本翅膀的熊猫"，文人喜竹，而竹子与熊猫则属于强关联，因此 IP 的创作载体则选用了熊猫，为了实现与行业的关联性，以及 IP 本身的差异化，采用一本展开的书，幻化成了熊猫的翅膀，寓意知识的力量如同为自己插上了翅膀。约读书房品牌 DNA 图形是一本打开的书的正负形，并以此形成一个连续图案，与行业紧密关联，同时冲击力较强，传播效能大增。

课后提升

约读书房的空间设计，特别采用竹子的主题元素，通过竹子造型的接待台、竹饰板的应用，让书房、竹子、熊猫三者有机融为一体，浑然天成。

请扫描下列二维码获取蓝章策划对约读书房的品牌形象设计策划方案。

| 1. 约读书房品牌Logo设计与IP形象创作 | 2. 约读书房品牌DNA图形 | 3. 约读书房空间设计与策划总结 |

思考题

什么是品牌DNA图形？应该如何创造品牌的DNA图形呢？

课后提升

案例三　蓝章策划——知袜郎的品牌形象设计

知袜郎的品牌Logo的外轮廓是一个小房子的剪影，里面有4只袜子，这样的Logo非常直接、有效地传达了品牌所属行业，节约大量沟通的成本。

知袜郎品牌IP插画共有4副，分别代表了"家"的4个场景，最常用的是6个人站立的画面，代表了一家人形象，这也是应用最广的一副；另外3副分别是看电视、晾衣服、奶奶给孙子穿袜子的生活场景，利用一双袜子体现了家庭的温馨。

请扫描下列二维码获取蓝章策划对知袜郎的品牌形象设计策划方案。

| 1. 知袜郎品牌形象设计 | 2. 知袜郎品牌IP插画创作 |

思考题

品牌IP插画创作的思路是什么？

项目四

产品策划

知识目标

1. 了解产品架构模式和产品开发流程。
2. 掌握新产品开发策划的方法。
3. 掌握产品形象设计的方法。

能力目标

1. 能够进行产品架构模式制定。
2. 能够进行自身产品特质梳理、产品定位、产品命名、广告语设计和卖点提炼。
3. 能够进行产品 Logo、包装、图片、宣传册、推送页和广告片设计。

素养目标

1. 具有团队精神和协作能力，小组能够协调合作完成任务。
2. 具有良好的沟通交流和理解能力，能够有效表达观点并完成成果汇报展示。
3. 具有信息素养和学习能力，能够运用正确的方法和技巧掌握新知识、新技能。
4. 具有独立思考和创新能力，能针对新项目的特点应用产品策划知识点完成项目任务。
5. 崇尚宪法、遵纪守法，产品开发及产品形象设计要符合相应的法律法规。
6. 具备健康的审美情趣和良好的审美素养，设计产品形象时有驾驭美、表达美的能力。

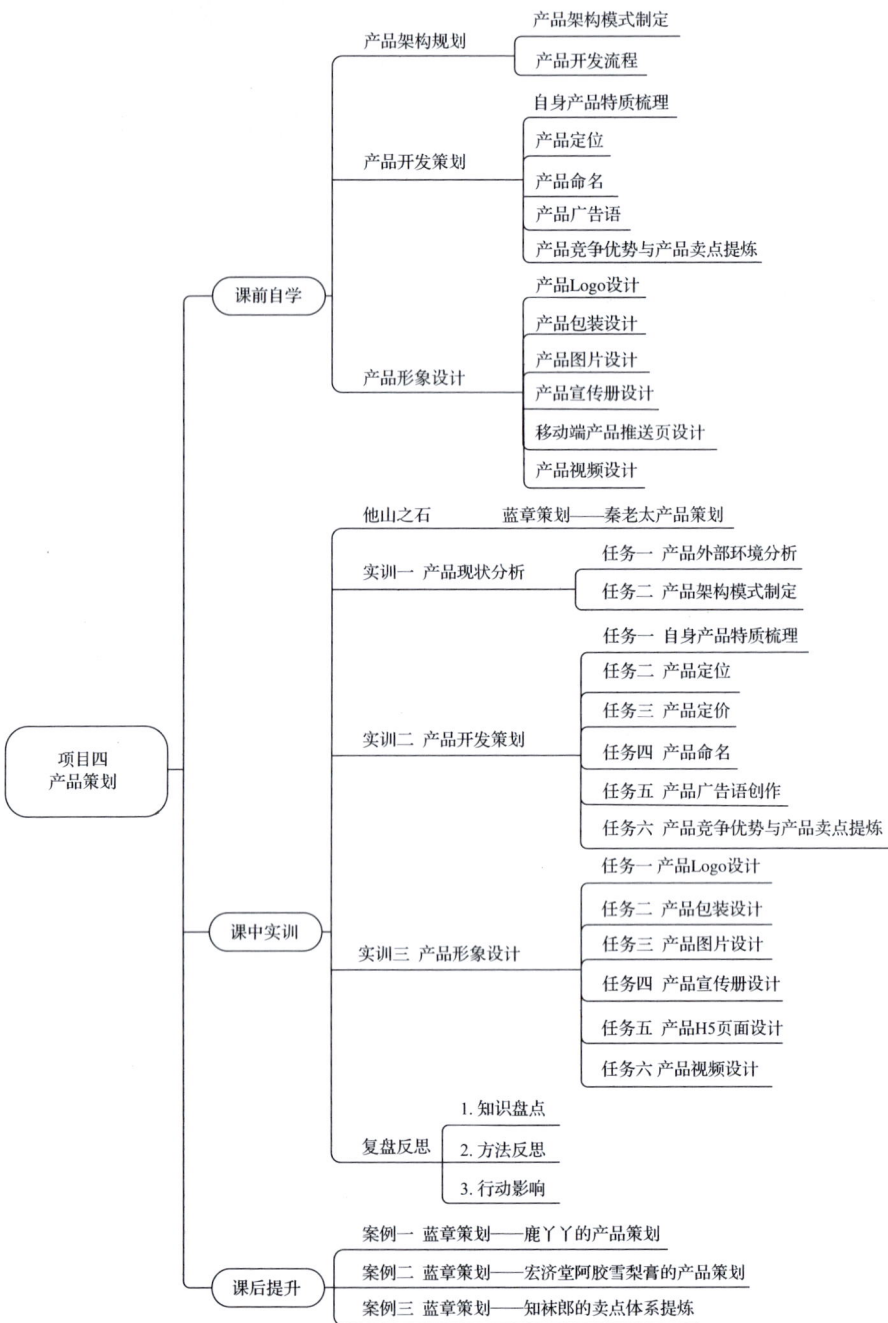

思维导图 ↓

```
                                                    ┌─ 产品架构模式制定
                                    ┌─ 产品架构规划 ─┤
                                    │               └─ 产品开发流程
                                    │
                                    │               ┌─ 自身产品特质梳理
                                    │               ├─ 产品定位
                                    │               ├─ 产品命名
                      ┌─ 课前自学 ──┼─ 产品开发策划 ─┤
                      │             │               ├─ 产品广告语
                      │             │               └─ 产品竞争优势与产品卖点提炼
                      │             │
                      │             │               ┌─ 产品Logo设计
                      │             │               ├─ 产品包装设计
                      │             │               ├─ 产品图片设计
                      │             └─ 产品形象设计 ─┤
                      │                             ├─ 产品宣传册设计
                      │                             ├─ 移动端产品推送页设计
                      │                             └─ 产品视频设计
                      │
                      │             ┌─ 他山之石 ──── 蓝章策划——秦老太产品策划
                      │             │
                      │             │                       ┌─ 任务一 产品外部环境分析
                      │             ├─ 实训一 产品现状分析 ──┤
                      │             │                       └─ 任务二 产品架构模式制定
                      │             │
                      │             │                       ┌─ 任务一 自身产品特质梳理
                      │             │                       ├─ 任务二 产品定位
                      │             │                       ├─ 任务三 产品定价
                      │             ├─ 实训二 产品开发策划 ──┤
项目四      ──────────┤             │                       ├─ 任务四 产品命名
产品策划              │             │                       ├─ 任务五 产品广告语创作
                      │             │                       └─ 任务六 产品竞争优势与产品卖点提炼
                      ├─ 课中实训 ──┤
                      │             │                       ┌─ 任务一 产品Logo设计
                      │             │                       ├─ 任务二 产品包装设计
                      │             │                       ├─ 任务三 产品图片设计
                      │             ├─ 实训三 产品形象设计 ──┤
                      │             │                       ├─ 任务四 产品宣传册设计
                      │             │                       ├─ 任务五 产品H5页面设计
                      │             │                       └─ 任务六 产品视频设计
                      │             │
                      │             │               ┌─ 1. 知识盘点
                      │             └─ 复盘反思 ────┤─ 2. 方法反思
                      │                             └─ 3. 行动影响
                      │
                      │             ┌─ 案例一 蓝章策划——鹿丫丫的产品策划
                      └─ 课后提升 ──┼─ 案例二 蓝章策划——宏济堂阿胶雪梨膏的产品策划
                                    └─ 案例三 蓝章策划——知袜郎的卖点体系提炼
```

课前自学

产品是消费者与品牌建立情感的载体，是品牌生存的基础。品牌成长的过程是产品利益挖掘、产品创新与管理、消费者对产品认知和情感建立的过程。要让消费者认同你的品牌，首先得让消费者认同你的产品。

一、产品架构规划

1. 产品架构模式制定

产品架构一般指一个企业的产品系列规划，包括各系列的市场定位规划、产品型号和规格规划以及生命周期规划等模块，主要有矩阵式产品架构模式、超级单品模式、长尾市场模式。

（1）矩阵式产品架构模式

企业产品系列规划的依据是该品牌的定位、企业的规模和市场的表现，可参考美国波士顿咨询公司提出的波士顿矩阵，又称产品系列结构管理法，这是典型的矩阵式产品架构模式，在常规产业领域的应用非常普遍，如表4-1所示。

表 4-1　波士顿矩阵

类型		市场占有率	
		高	低
销售增长率	高	定义：明星产品。 定位：标杆、旗帜。 战略：维持或继续投资，提高增长率，会逐渐转变为现金牛产品	定义：问题产品。 定位：培育转化。 战略：增加营销投入，提升竞争力，提高市场份额，向明星产品发展或转向瘦狗产品
	低	定义：现金牛产品。 定位：利润主力军。 战略：企业资金主要来源，向明星产品和问题产品提供资金供应	定义：瘦狗产品。 定位：衰退型产品。 战略：剥离战略，尽早出货，逐渐退出

（2）超级单品模式

近年来，随着电子商务的大力发展，很多小微企业逐渐开始开发并销售单一系列产品、小批量定制产品，而传统产业也在尝试逐渐放大明星产品或者主推产品，有些研究学者称之为"超级单品"或者"爆款"。

农夫山泉旗下产品主要包括水类、茶类、咖啡类、功能饮料类、果汁类以及植物蛋白类，基本符合波士顿矩阵。而苹果公司的手机产品，并没有遵循波士顿矩阵式的产品架构，而是走的单一产品路线。

（3）长尾市场模式

市场一般存在大规模市场和小规模市场，过去所有企业都在努力向大规模市场靠拢，大规模批量化生产成为企业的主要经营形态。近年来，随着数字经济、电子商务的大力发展，小规模的细分市场（长尾市场）逐渐兴起，越来越多的消费者有自己的兴趣和群体，这个群体可能是非大众的、非主流的，但却会是消费黏性较大的，复购率较高的。因此小微企业，或者手工业、创意产业、定制型产品行业，都可以参考"长尾理论"来组织产品架构，选择多象限、小批量、定制化的模式来规划产品架构。

一家街边音像店的空间是有限的，因此货架上的产品陈列，必须优先考虑大多数人的需求喜好，在产品组织方面一定是选择主体货源；而如果是一个线上的音像店，货架是虚拟的，理论上货架上的产品可以无限多，销售范围可以是全国甚至全球，因此，在货源方面可以选择很小众的非主流音乐专辑，哪怕一年就卖一张，该产品也不会令线上音像店的经营成本增加。所以，小微企业可以利用互联网从长尾市场切入并发展壮大。

查一查

什么是"长尾理论"？

2. 产品开发流程

表4-2所示为产品开发流程表。

表4-2 产品开发流程表

	开发过程		主管部门
1	新产品概念规划	新产品概念规划部门为营销部门，是因为产品的开发导向要围绕消费者展开，以消费者为中心，因此营销部门需要安排专门的岗位人员，负责收集整理消费者需求信息和竞争对手的产品信息，以帮助企业确定产品开发规划工作	营销部门
2	产品开发立项	产品是企业的核心支点，因此产品开发项目的正式确立与否，需要经由企业办公会共同商讨决定，并成立小组，由总经理担任小组组长，协调整个项目进度。另外营销部门可联合种子用户、粉丝、核心经销商等资源，进行信息的收集，以确保新产品开发导向与关键指标的正确性	企业办公会
3	确定技术指标与成本	由研发、生产、采购等相关部门联合确认新产品技术指标与成本，在成本控制方面，需要采用"倒逼制度"，与竞争品牌的同等档次产品严格对标	研发部门生产部门采购部门

续表

	开发过程		主管部门
4	确定产品生产	根据开发成本及企业资源，由研发、生产、采购等相关部门商议确定产品生产形式，可选择自主开发、技术引进、部件引进、完全代工等生产形式	研发部门 生产部门 采购部门
5	样品开发	该阶段需要研发部门和营销部门进行及时跟踪和反馈，并根据需要召开新产品小组会议	研发部门 营销部门
6	小批量试制与试用	小批量试制与试用的目的是测试产品的各项指标，以及进行生产系统的流程演练，并通过营销部门提供或征集的种子用户或粉丝进行产品内测	生产部门 营销部门
7	量产上市	产品经过系列测评与修正后，再经企业办公会确定上市时间，以方便原材料采购计划与营销计划的制订	企业办公会
8	持续改进与迭代	新产品上市后，由营销部门负责收集消费者反馈信息，以及竞争对手的产品动态，进行产品的持续改进与迭代	营销部门

二、产品开发策划

1. 自身产品特质梳理

根据项目二"行业发展趋势研究""消费者需求与消费者行为研究""竞争格局分析与竞争策略制定"所述内容与工具开展相关工作后，还需要根据相应结果进一步做好自身产品的特质梳理，这个阶段尤其强调产品外观、功能、结构等属性的研究。

对于不同的行业，消费者会有不同的产品核心关注点。

例如，家电行业是比较成熟的行业，主要靠新技术和新外观驱动发展。因此，在产品开发方面，新技术的研发或引进是特别重要的内驱动作；除此之外，依据商业环境的变化，在主流技术上，企业可以通过每年每季更换产品外观来吸引消费者注意。尤其是对于成熟度较高的产品，如电视、空调等，"90后""00后"消费者认为这些产品的内在功能和质量都是"必备的基础"，因此对产品的"颜值"更加看重。

想一想

对餐饮行业、服装行业、快递行业、房地产行业、保险行业……消费者的核心关注点分别是什么？

_____

_____

国牌风采

创新铸就未来，精工绘制"岚图"

——智造中华名品·明确产品设计

【关键词】创新意识；精益求精；民族自信

为深入落实党中央、国务院有关部署，做好科技支撑碳达峰碳中和工作，科技部等九部门联合印发了《科技支撑碳达峰碳中和实施方案（2022—2030年）》，该方案中强调："以围绕交通和建筑行业绿色低碳转型目标，以脱碳减排和节能增效为重点，大力推进低碳零碳技术研发与推广应用"。这标志着未来交通设计低碳减排将成为必备要素。

岚图汽车作为国产新能源汽车领跑品牌，一直致力于汽车科技研发。在2022年8月26日开启的成都车展上，岚图汽车正式发布中国汽车品牌首个个性化定制生态，以技术创新持续满足用户需求。作为用户型科技企业，岚图汽车针对个性化、定制化、高端化的市场需求，打造贴近用户的产品。

同时，岚图汽车秉承精益求精的产品设计初心，将自然生命与现代科技有机融合，打造仿生运动风格的产品外观，并与空气动力学设计融为一体。岚图FREE推出太极黑和太极白两款颜色的汽车，源于我国传统的太极文化，这两款汽车可以在不同光泽下显现出如中国水墨墨韵般的层次感，打造独有的中国色彩。从外观设计到颜色搭配，全方位彰显用户的品位特点。

岚图汽车销售有限公司刘展术表示，"岚图FREE的做工和机械素质完全不亚于宝马、迪奥等汽车，而且岚图汽车在性能和智能化的水平上，还有一个非常大的提升。"创新铸就未来，精工绘制"岚图"，岚图汽车终将成为我国民族品牌，在世界舞台上大放异彩。

2．产品定位

（1）什么是产品定位

产品定位可以分为两个维度，一是该款产品在市场竞品阵营内充当什么角色，其中包含了产品定价策略（有相关学者把它归纳为"市场定位"的范畴）；二是企业需要设定该款产品的营销传播活动，即该款产品投射到消费者心理层面的感知是什么。后者与品牌定位有些相似，品牌定位是整个品牌在消费者心中的综合印象，而产品定位可以理解为某款产品在消费者心中的综合印象。

（2）产品定位的方法

常见的产品定位的方法，主要有以下两种。

① 消费者需求法

消费者的需求是产品定位的根源，探测到消费者的需求，很多问题就可以迎刃而解。这里需要注意两个问题。

一是探测到的消费者需求是否是伪需求。伪需求可能是间接性需求，或者是因调研数据不够精准而得到的有偏差的需求。二是企业的资源是否足以支撑、引领和推动该需求。这一点参考项目二中的"竞争格局分析与竞争策略制定"进行综合判断，以便选择合适的竞争策略。

② 竞品差异法

竞品差异法就是企业将自己的产品和竞品进行对比，在巩固自身品牌定位的同时找到产品的差异点，甚至可以细化到系列或型号，并以此作为核心突破口进行产品定位。

在进行产品定位时，要结合使用消费者需求法和竞品差异法这两种方法。消费者很多时候不具备明确清晰的认知，他们所评判的标准，可能仅仅来自现有的竞品；而探测消费者需求的过程也存在局限性，难免会造成以点带面的现象。当然，一味地追求产品差异，或者追求完全超越竞品的各种软硬件，也并不切实际，因为这样会造成成本方面的问题。所以，几乎所有的成功品牌在产品定位上都是选择核心差异，并非全面赶超。

（3）产品定价

有些市场研究人员表示：定价即定位，价格能非常直观地表达产品的定位，而且定价的背后包含着营销体系的各种因素，包括目标消费者、售卖渠道、售后服务等，因此研究产品定价是非常重要的。

常用的产品定价方法主要有以下 4 种。

① 成本导向定价法

成本导向定价法即在产品单位成本的基础上，加上预期利润作为产品的定价。成本导向定价法是最基本、最常用的产品定价方法。

成本导向定价法的基础计算公式：成本 + 利润 + 税金 = 定价。

例如，某化妆品厂生产了 10 000 套护肤品，成本为 5 000 000 元，目标利润率为 60%，每套护肤品的税金为 65 元，因此定价过程如下。

产品成本：5 000 000÷10 000=500 元 / 套。

产品利润：500×60%=300 元 / 套。

税金：65 元 / 套。

产品定价：500+300+65=865 元。

实际上还有很多成本导向定价法延伸出来的各种细分定价法，但这类定价法的逻辑大都是"以自我为中心"的内在成本导向，考虑的市场竞争环境因素较少，因此这类产品定价方法很多时候只适用于企业内部基本演算。企业在市场经济体制下，企业需要考虑竞争机制，因此需要使用竞争导向定价法。

② 竞争导向定价法

竞争导向定价法是企业根据市场竞争环境下主要对标对象的产品定价进行比对，来确定自身产品定价的一种方法，而不是单纯根据企业的产品成本进行定价。竞争导向定价法的核心逻辑是由市场竞品价格进行反推，也被称作"反向定价法"，即企业通过比对竞品，并根据企业自身资源，选择一个市场定位的意向，然后反推上游供应链产品的供给价格，以此确定一个最终价格。

例如，一个电子产品厂家，计划生产一种可穿戴的电子设备，进行市场调研时发现这类产品的价格基本在 100～300 元，该电子产品厂家的实力较强，决定做一个性价比较高的产品，因此把产品价格确定为 68 元，随后开始优化产品设计，并进行供应商谈判，通过战略性采购最终确定了 68 元的劲爆价格。

这就是著名的爆品策略的定价法则，以小米为首的科技型企业采用这种定价法的较多，但这种定价法需要非常强大的供应链支持，一般的中小型企业很难得到相应支持，所以往往会在保证基本利润的前提条件下，从中间价格带进行产品定价的设定。

③ 品类比对定价法

品类比对定价法适用于缺乏强关联竞品的新品类。这些品类由于没有相同的品类竞品可以对比，因此企业在定价时需要参考一些类似品类。

例如，某种酵素饮料，并非果饮、奶饮、碳酸饮料、功能性饮料等常规饮料，国内市场上还没有出现，因此企业在对该品类进行定价时可以先在果饮、奶饮、碳酸饮料、功能性饮料等价格较高的大类里寻找参考标杆；然后再根据消费人群和场景进行调适，如果设定为日常消费型饮料，渠道是超市，该酵素饮料的定价就会与果饮和功能性饮料的定价接近。

④ 产品矩阵综合定价法

产品矩阵综合定价法是企业采用成本导向定价法、竞争导向定价法、品类比对定价法等不同的定价策略，把明星产品、问题产品、现金牛产品和瘦狗产品进行系统定价的方法，使其既能适应外部竞争环境，又不会和内部产品出现"相互打架"的情况。

3. 产品命名

（1）产品名的定义

一般而言，企业在营销过程中采用的产品名是指便于消费者记忆和传播的名称，是非行业规范的产品标准名称。

例如，美的的一款空调，其家用空调的行业规范名称为"分体挂壁式变频房间空调器"，而企业在营销过程中采用的产品名称为"冷静星"。

想一想

你能列举一些企业在营销过程中采用的产品名与行业规范的产品标准名称不同的产品吗？

_____

_____

（2）产品名是重要的品牌资产

产品名也需要进行商标注册保护，尤其对于快消品行业，企业在对产品进行市场运作时，产品名的知名度甚至会超越母品牌，如"六个核桃"饮料，甚至很多人说不出它的母品牌，如果当初没有进行产品名的商标注册保护，后果将不堪设想。

（3）产品命名的方法

产品命名的方法，与项目二中提到的品牌命名的方法基本一致，除了"可以注册商标、无须解释说明、方便阅读和表述、容易记忆和适度延伸性"外，还可以把重点放在该产品的特点提炼上，通过产品最大的特点，结合应用场景、消费人群等核心因素进行产品的命名。

琴棋书画诗酒茶，是中华传统文化中雅致生活的典型代表。农夫山泉公司带着做好中国茶的使命进入茶行业，出品茶饮料"东方树叶"。"东方树叶"这个名字取自周宁的《人间草木》，"茶"字拆开就是草、木和中间的人。这个命名法，准确反映了"东方树叶"的研发哲学："简单、干净、纯粹"。"东方树叶"想向年轻人传达一杯茶背后所代表的中式审美文化，同时，"东方树叶"用先进的制茶工艺复兴传统中国茶的一颗匠心，也让中国茶真正地"出自东方，走出东方"，让"东方"成为品质的代名词。

4．产品广告语

（1）产品广告语的定义

产品广告语是用于陈述产品特性与利益，表明消费场景或消费人群，以便企业更好地销售该产品的语句。

（2）产品广告语与品牌广告语的不同点

品牌广告语侧重品牌整体战略方向的表达，而产品广告语则更加侧重某一款或某一系列的产品的特性与消费利益表达。通俗来讲，产品广告语是为了让产品更好卖，品牌广告语是为了让品牌更有价值。

随着超级单品（爆品）的流行，不少企业弱化了品牌广告语的创作，而强调产品广告语，并且在营销活动中不断曝光产品广告语，使很多消费者非常熟悉产品广告语，如："怕上火，喝王老吉"就是一句经典的产品广告语。

（3）产品广告语创作的原理和方法

产品广告语的创作与项目二中品牌广告语的创作也较为类似，但产品广告语的创作方向，更加侧重该款产品特点的提炼表达，"为卖货而生"是产品广告语的宗旨。

①产品名的延展或解释

如果产品的名称不能有效表达该产品的特点，企业就可以通过产品广告语来实现，产品广告语也可以用于进一步"解释"产品名称，使产品的消费者利益、消费人群、消费场景更加清晰直白，从而达到销售产品的目的。

白加黑感冒药——治疗感冒，黑白分明。

宏济堂阿胶——百年老牌，金奖阿胶（蓝章案例）。

（注：宏济堂诞生于 1907 年，曾获得 1915 年的巴拿马国际博览会金奖）。

②直接陈述消费场景并下达行为指令

从产品的消费场景出发，讲述该场景下消费者可以使用或需要使用该产品。消费场景的设定，本质上是引导消费者进行消费的过程，一般用于快消品。

六个核桃——经常用脑，多喝六个核桃。

翻译兔旅游翻译机——出国自助游标配装备（蓝章案例）。

③从物理层面上升到情感与价值观层面

未来的产品是赢在心理战，所以社群营销越来越受欢迎。社群营销是企业通过构建一个社群，让价值观相同的消费者对产品产生心理认同并购买产品，社群营销在快消品、服装、服务型产品等高情感价值行业应用较广。

支付宝——知托付。

树时光绿茶——一茶一树一时光（蓝章案例）。

5. 产品竞争优势与产品卖点提炼

产品在市场竞品阵营中的角色，除了品牌的核心优势外，企业还需要进行产品竞争优势的梳理和提炼，从消费者视角而言，产品竞争优势就是产品的卖点，即消费者购买该款产品的具体理由。企业可以运用以下两种方法来梳理产品竞争优势及提炼产品卖点。

（1）运用 USP 理论

本书在项目三产品广告语设计环节介绍过 USP 理论，即"独特的销售主张"，其特点是必须向消费者陈述产品最核心的特点（一般来讲只提炼一个特点），同时这个特点必须是独特的，是竞争对手不具备的，而且必须是能够引起消费者兴趣的，这样才能实现产品的销售。

例如：舒肤佳香皂的"除菌"概念。

当人们刚开始用香皂洗手时，舒肤佳就找到了新颖而准确的"除菌"概念，并开始了长达十几年的市场教育：要把手真正洗干净，除了污渍，还有看不见的细菌也需要一起被清除。

　　舒肤佳以"除菌"为核心，创作的广告语为"有效除菌，呵护全家"，并通过"踢球、挤车、扛煤气罐"等生活场告诉消费者，日常生活中人们会感染很多细菌；然后，舒肤佳再通过"含有抗菌成分'迪保肤'"的内在技术满足人们的理性诉求，来证明使用舒肤佳香皂可以把手洗"干净"。

　　概念：除菌。

　　利益：有效除菌，呵护全家。

　　技术支撑：含有"迪保肤"抗菌成分。

　　但是，现在产品同质化现象越来越严重，很多产品除了品牌和包装不同，其他方面几乎没有差异，因此 USP 理论的弊端开始显现。所以，很多品牌在进行产品概念梳理和提炼的时候，逐步开始从理性的物质层面的差异化特点提炼，转化为从感性的情感层面的差异化特点提炼，尤其是对于快消品、小型特色餐饮等行业。同时，这也符合"90 后""00 后"的购买行为，因此很多品牌会考虑设计很有"网感"的产品概念，以应对年轻群体的感性消费行为。很多传统企业也在积极转型，进行品牌年轻化的改造之路。

　　例如：喜茶"妙不可言的口感"。

　　喜茶是芝士现泡茶的原创者，但是，喜茶并没有给消费者提供非同寻常的茶原料、技术等理性的利益点，很多消费者都不清楚喜茶为什么受欢迎，甚至有的消费者并不知道自己为什么要排队买喜茶，这就是"90 后""00 后"依靠感官消费的一个群体现象，他们只要喜欢就好，并非特别注重理性利益点。

　　但是，消费者不注重，不代表不需要，喜茶的卖点依然非常清晰，如喜茶的"原创芝士茗茶"。

　　概念：原创芝士茗茶。

　　利益：妙不可言的口感。

　　技术支撑：口感绵密的浓醇芝士，层层叠进幽香清醇的茶香。

　　信任背书：备受消费者推崇，消费者排队购买。

（2）运用 FABE 推销法

　　FABE 推销法中的 F 代表特征（Features）、A 代表优点（Advantages）、B 代表利益（Benefits）、E 代表证据（Evidence）。

　　FABE 推销法是非常典型的利益推销法，它通过推销活动过程中的 4 个关键环节，巧妙地处理了消费者关心的问题，从而顺利地实现产品的销售。

　　FABE 推销法的标准句式：因为 F（特征），从而有 A（优点），对您而言有 B（利益），您看 E（证据）。

　　将 FABE 推销法运用在产品竞争优势与产品卖点提炼中，具体内容如下。

F（特征）：描述产品的款式、技术参数、配置。

A（优点）：解释该产品特点是如何能被利用。

B（利益）：将优点转化成购买动机，告诉消费者购买后可以为消费者带来什么好处。

E（证据）：向消费者证实所讲内容的真实性或可靠性。

例如：某款海绵＋羽绒层沙发。

F（特征）：我们这款沙发的坐垫除了包含常规海绵层，还特别增加了羽绒层。

A（优点）：先生您坐上试试，它比一般的单纯海绵沙发更加柔软，也更加透气。

B（利益）：您坐上去是否感觉比旁边的海绵沙发更加舒服。

E（证据）：①这是它的坐垫解剖实物，羽绒层非常清晰；②这款沙发获得了红点设计大奖；③跟您同一个小区的王先生昨天也是买的这款沙发。

值得注意的是，利用 FABE 推销法所设定的一款产品的特征、优点、利益、证据并不是单一维度的，而是要根据消费者的需求进行灵活设定。企业要根据产品的不同特征，在产品上市前进行全方位的话术提炼整理，供全体营销人员进行系统学习。

还是上文"海绵＋羽绒层沙发"的例子，如果营销人员第一次说出了羽绒层概念的时候，消费者并没有感到好奇或者感兴趣，营销人员则可以采用提问的方式，进行消费者需求探测。

"请问您是喜欢布面的沙发还是皮面的沙发？我们这个沙发，两种材料都有。"

如果消费者对这个话题感兴趣，他会回答，如"我们家有小孩子，比较调皮，想看看皮面的沙发。"

此时，营销人员再根据 FABE 推销法对产品进行陈述，举例如下。

F（特征）：您可以看看这款皮面的沙发，也是羽绒层坐垫，而且是进口小牛皮的。

A（优点）：您可以用手抚摸一下，皮质非常柔软细腻。

B（利益）：您坐上去会感到非常柔软，比一般的牛皮沙发要舒服很多。

E（证据）：您看，这就是进口的小牛皮实物；这是公司进口牛皮的报关单。

三、产品形象设计

1. 产品Logo设计

产品 Logo 设计与品牌 Logo 设计的技巧基本一致，此外，还有一些独特的地方。

（1）产品 Logo 设计风格要匹配消费群体及产品调性

产品 Logo 设计首先要考虑产品定位对应的消费群体，以及产品应用或消费的场景。就像我们不能用固定的审美去设计儿童产品的 Logo，也不能用柔美的风格来设计力量型产品的 Logo，即使该产品就是要在细分领域做出差异，那也要根据其产品定位进行产品 Logo 的设计。

帮宝适是宝宝纸尿裤，设计产品 Logo 时考虑到宝宝娇嫩的肌肤，字体设计给人的感觉相对柔软可亲，可以让妈妈产生产品比较柔软的联想；Logo 中还包含了一个爱心图案，代表了妈妈对孩子的爱，如图 4-1 所示。

图4-1　帮宝适Logo

（2）产品 Logo 以文字为主

产品 Logo 的设计最好使用产品的名称作为主要创作要素，也就是以字体为主进行产品 Logo 设计，如宝洁公司旗下的产品 Logo，基本都是以文字为主，如图 4-2 所示。

图4-2　宝洁公司旗下的产品Logo

（3）产品 Logo 设计需注意应用材质与环境

虽然现在制作工艺比较发达，但还是要考虑主要载体的材质表现效果，同一材质，应用在玻璃上、磨砂材料上和金属材质上，产生的效果是不同的，所以在产品 Logo 设计环节就要考虑其应用材质与环境，以免形成较大落差。

2．产品包装设计

（1）从营销的角度看产品包装的功能

产品包装具有安全储运保障和产品销售工具两种功能。

① 安全储运保障

安全储运保障属于产品包装的基本功能，能够在产品出厂后到消费者手中的各个流通与展示环节中对产品提供有效保护。这个功能下的产品包装设计一般需要考虑包装材料的稳固性和成本两大核心因素。

就工业品和耐用品来说，如小型建材、家电、灯具等，这种产品的包装并不牵涉较多的营销职能。但对民用品来说，如消费电子产品、服装、手表等，如果产品包装材料较为廉价或结构设计不科学，就会影响消费者对该产品的购买体验，从而影响消费者对该品牌的整体"评分"。

例如：小米手机包装盒设计。

小米手机包装盒最初用牛皮纸作为手机包装，坚持4年之后，小米手机为了增强品牌识别度，2015年将手机包装改为橙色面纸。2016年发布的小米4S手机，其包装盒为白色，可以看出，小米手机开始从低端向中端发力。小米9的手机包装面纸使用金银卡纸，并且双面覆膜，在不同的角度看会显示不同颜色，与其手机后盖的彩虹色遥相呼应。小米10至尊纪念版手机包装盒则采用了银色的菲涅尔透镜包装，体现了小米手机十年的科技精华。图4-3所示为小米手机包装盒设计的变化，小米手机包装的材质和工艺变化，也同步显示了小米品牌在手机设计及工艺上的进步。

图4-3　小米手机包装盒设计的变化

② 产品销售工具

包装的另一个功能是作为产品销售的工具，一般是指在销售网点连同产品本身一起展示的包装。这种包装通常通过产品特质的展示，给消费者带来良好的感官体验，最终助推销售，并实现产品溢价。正是因为这类包装与产品销售有着密切的关系，所以一谈到包装，消费者一般都倾向于销售展示包装的探讨。饼干、冲调品、调味品等日用产品售点展示包装的设计尤为重要。

（2）产品包装设计应注意的问题

① 产品包装设计要匹配产品定位

如同产品 Logo 设计一样，不同的产品定位其对应的产品包装设计也不同，产品定价、终端渠道、消费客群、应用场景、同品类竞争等关键要素，都是产品包装设计的参考因素。

通俗讲，一分价钱一分货，这句话同样适用于产品的包装设计。定价是个综合因素，因此企业的产品所设定的终端渠道、消费客群、应用场景、同品类竞争，最终都会通过定价来体现。例如，一款化妆品，如果选择的终端渠道是高端商业区的专柜，那对应的客群层次就会有所提高，加上同类竞品的比对，产品在定价上就应上调，所以产品的包装设计也会随之更加高端。

② 产品包装器型与材质选择要考虑成本因素

产品包装的器型与材质的选择除了与消费客群及应用场景相关，跟产品定价也有很大关系，而产品定价就会涉及生产成本和同品类竞争因素，因此企业在产品包装器型与材质的选择方面需要综合考量。

一般高端产品，它的包装器型与材质选择就会留有很大余地，毕竟高端产品最重要的属性是拉动品牌形象，所以一般"不差钱"。但高端感知力，并非全部都通过高价材料和工艺来实现，企业是要多掌握各种材料特性，掌握表面处理后的效果，选择最适合的材料和工艺。

竞争激烈的产品品类，以及定位为爆款的产品（大流量产品），其生产成本会被控制得非常精细，因此在产品器型与材质的选择上需要加以注意。

例如，饮料的透明玻璃圆瓶，因为加工方式的关系，瓶身两侧会有一条细线，而如果把这条细线磨去的话，其成本甚至与瓶子造价相当，因此很多企业在选择工艺时，时常是要根据该产品的定价进行成本倒推，最后选择合适的工艺。

③ 产品包装结构创新不能与终端展示和运输矛盾

在进行产品包装结构创新时，需要考虑产品在终端卖场销售展示时是否方便，因为卖场很多时候需要考虑"量感陈列"，会对产品进行堆码，以形成热销氛围，而有些产品包装结构可能并不太适合终端卖场销售展示，这就会给销售造成不小阻力。此外，产品包装的结构创新，也需要考虑邮寄的便利性，这其中包括产品的易损性和自身重量。

④ 产品包装形态应考虑品类原型概念

品类原型概念通俗讲就是"什么产品，就该是什么样子"，如家用汽车就该是 4 个轮子。随着社会的发展，产品不断丰富，互联网让信息产生巨大增量，面对如此海量的信息，人类大脑会自动形成"归类"概念，所以当一个新生事物出现的时候，人们会说"哦，这就是×××，只是增加了或改变了×××"，这就是人类大脑的自动"归类"。因此在商业上，企业需要知晓并利用这个"归类"功能，即品类原型概念。

品类原型表现在产品包装形态上，包装器型会直接展示其品类原型。如果抛开品类原型概念对产品包装进行大的差异化创新，该产品必须是走完全不同的产品定位，要么有其独特的销售渠道，要么需要很多资本进行推动，否则就会造成销售阻力。所以绝不要单纯地进行差异化创新，一定要结合企业自身资源进行产品包装设计。

一般来讲，蜂蜜用广口玻璃瓶装的居多，这就逐渐形成蜂蜜的品类包装原型。如果新产品采用广口玻璃瓶，且标签再画上蜜蜂，就会很容易被消费者自动"归类"到蜂蜜阵营。如果对新产品进行包装创新，采用洗面奶式的管状包装材料，消费者心里就会形成较大反差，该产品则很难被消费者归类到蜂蜜阵营。

⑤ 不能单纯为了追求"仪式感"而进行过度包装

"仪式感"是近年来比较流行的一个营销概念，因为现在人们的生活比较富足，人们开始追求物质以外的东西。因此企业在做营销策划时，应考虑把产品的应用场景进行强化，增加一些仪式或动作过程，让消费者拥有更好的购买体验。

例如，过去人们过生日，会买一个包装精美的生日蛋糕，而现在年轻人过生日，可能仅仅保留了生日蛋糕的形式，但会选择较小体量的蛋糕，重点在于制造惊喜，增加"仪式感"。

同样，很多产品的包装，都会设计一些独特的"仪式感"，尤其是月饼、茶叶、糕点等产品；但是也出现了不少因为过度追求"仪式感"，而造成的"过度包装"，这是我们要尽量杜绝的。

国家质量监督检验检疫总局和国家标准化管理委员会联合发布的《限制商品过度包装要求—食品和化妆品》（GB23350-2021）于 2021 年 8 月 10 日发布，该标准提出了限制商品过度包装的基本要求、限量要求和计算方法。例如，在包装层数方面，粮食及其加工品、月饼及粽子不应超过 3 层，其他商品不应超过 4 层。在包装成本方面，生产组织应采取措施，控制除直接与内装物接触的包装之外所有包装的成本不超过产品销售价格的 20%。

在着手产品包装策划与设计前，企业负责质量管理工作的部门需要提供该行业应遵守的行业包装规范，设计者也应及时掌握学习各个行业的包装管理规定，以杜绝和避免做无用功，甚至造成产品无法上市的情况。

⑥ 注意考虑包装的颜色与营销的关系

很多企业已经认识到色彩对人们心理产生的作用和对营销的巨大影响，并开始着力于产品包装的色彩探索。包装色彩的设计与产品品类、产品定位、消费客群、应用场景等都有着密切的关联。同一种色彩，用在不同产品包装上，会产生不同的效果。

例如，白色的包装如果用在化妆品包装上，给人感觉是纯净、优雅；用在手机盒上，给人感觉是干净、简洁。但如果用在塑料袋装食品上，且该食品又在线下销售为主的话，则会产生以下两个缺点。

- 企业方多次证实，大面积白色包装的食品，在货架上的"感染力"是最低的，因此在销售力上就会被牵制。
- 相同的货物留存周期下，白色塑料类包装的食品，在货架上会比其他颜色包装的食品显得陈旧，而且在盘货、转存、运输等环节下，白色塑料包装的"折痕"会比较明显，进而影响食品的销售。

国牌风采

文化升华内涵，绿色捍卫家国
——智造中华名品·规划包装设计

【关键词】科技创新；文化传承；社会责任

2019年11月27日，联合国大会宣布每年5月21日为"国际茶日"，以赞美茶叶对经济、社会和文化的价值，是以中国为主的产茶国家首次成功推动设立的农业领域国际性节日。党中央在轻工业发展和食品生态发展会议上一直强调的理念是环保、节约、生态。会议上各层领导都积极推动环保包装产业。"国际茶日"的确立与节约环保意识的强调，给我国茶叶行业带来了更多机遇与挑战。

小罐茶是互联网思维、体验经济下应运而生的一家现代茶商品牌。在产品包装方面，小罐茶兼容文化传承与绿色环保的理念，突破传统茶叶大包装理念，确立小罐的包装形态。小罐包装形态有效隔离了对好茶有破坏性的外来成分，也更加适合充入氮气，最大程度上保存茶叶的新鲜度，实现100%回收。图4-4所示为小罐茶包装设计。

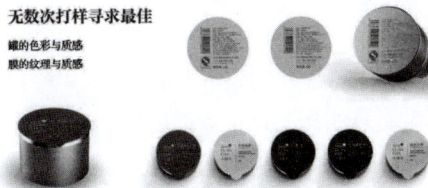

无数次打样寻求最佳
罐的色彩与质感
膜的纹理与质感

图4-4 小罐茶包装设计

以科技赋能文化传承，以文化深化品牌内涵，以环保赋能产品价值，小罐茶认真落实"茶叶必须喝，一是提升国民身体素质，二是改善茶农生活生产，三是改善人们对传统文化的认知与学习"的内涵，包装设计将质感、美感与情感有机融合，提升了产品包装的视觉体验，注入了更多科技感与使命感。在消费升级大背景下，让中国茶变得现代而时尚，让更多的年轻人爱上中国茶。

3．产品图片设计

拍摄产品的目的是通过图片直观地反映产品的理性形状特点，以及产品的调性。因此产品图片可以分为三大类，即标准呈现类产品图片、特质表达类产品图片和调性表达类产品图片。

（1）标准呈现类产品图片

标准呈现类产品图片如同人们的标准证件照，以去个性化的逻辑，通常采用白底或黑底，来单纯地表达产品的形状、质地、结构、色彩等，让人们可以清晰地判断该产品的外在特质。目前，越来越多的电商平台，指定首页产品图必须使用白底图，说明在众多产品列表图环境下，首先要让消费者感知一件产品基本的形状和结构是非常重要的。但如果产品本身是白色的，那么产品图背景可以是其他颜色，图 4-5 所示为空调的标准呈现类产品图片。

图4-5　空调的标准呈现类产品图片

（2）特质表达类产品图片

特质表达类产品图片一般需要严格按照产品卖点体系来呈现，尤其是消费电子、家电行业等需要陈述更多卖点的产品，企业需要根据产品卖点体系进行逐条拍摄，从而对产品的结构、使用场景、功能等各个维度进行展示，当然还需要对图片进行更多的后续修正和效果虚拟，以实现产品卖点的充分表达，图 4-6 所示为空调外形特写，图 4-7 所示为空调内芯特写。

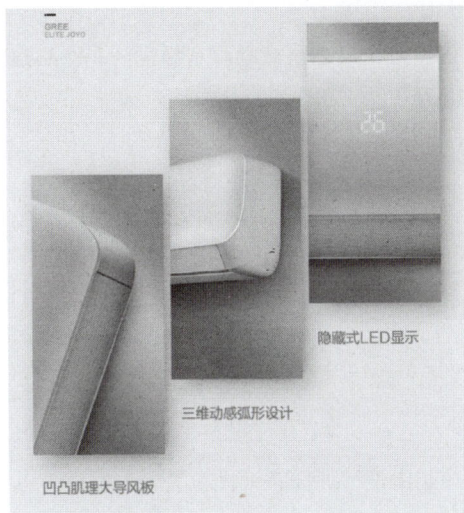

图4-6　空调外形特写

图4-7　空调内芯特写

（3）调性表达类产品图片

调性表达类产品图片一般在汽车、餐饮等行业使用较多，它不再追求产品的"素描"，也不一定是某一卖点的"陈述"，而是将产品融入理想的情境中去，在情境中对产品的调性进行表达，通过图片来表达产品的受众人群、品牌定位等，图4-8所示为空调应用情境。

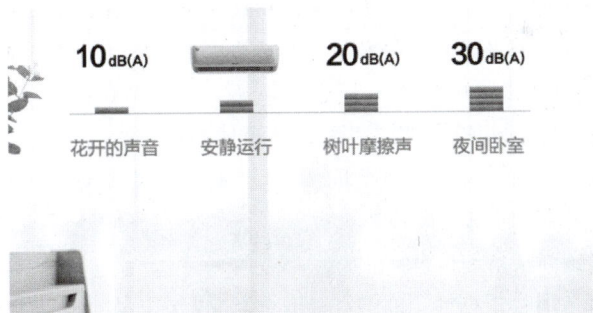

图4-8　空调应用情境

4. 产品宣传册设计

过去，产品宣传册是线下营销活动必不可少的文件。现在，随着移动互联网的发展，线下销售活动中，越来越多的消费者通过手机扫描二维码即可轻松获取线上产品介绍资料。但扫码动作是需要消费者主动做出的动作，而在实际销售过程中，更多的是需要营销人员引导或通过打折买赠等利益驱动消费者完成扫码动作，因此很多企业依然会继续采用发放产品宣传册的营销方式。

（1）产品宣传册设计的核心逻辑与要素

产品宣传册以品牌定位与形象策略为基调，再进行文案策划与撰写，产品宣传册设计的核心逻辑与要素有以下几个方面。

- 产品解决了消费者什么痛点？
- 产品在什么情景下使用？
- 产品被什么人使用？
- 产品的具体功能是什么？
- 产品与竞品而言有什么独特的优势？
- 产品优势的佐证有哪些？
- 产品的大致参数是什么？

（2）版面编排

版面编排是呈现品牌格调的方式，并非由设计师任意编排。除了美感外，更要根据品牌格调，选择适合的编排风格。

例如，我们在参观汽车 4S 店时，会发现几乎所有知名汽车的产品宣传册的版面都会有自己的系统编排方案。

（3）产品宣传册的开本尺寸与印刷工艺

一般来讲，单款产品宣传册通常会使用一张 16 开纸张，可进行整幅正反面印刷，也可进行两折或三折印刷，这主要取决于产品品类及售卖的场景。

例如，家电或手机产品，其消费场景在商场，这时产品宣传册一般会采取 16 开纸张，并进行两折或者三折印刷，不仅美观精致，还方便消费者在观看产品时随手拿取；而如果是大宗产品，或者楼盘等，其产品宣传册则可以考虑整张 16 开纸张，或者更多页的 16 开纸张印刷方案。

在印刷工艺选择上，依旧可以参考消费者群体的定位。

例如，消费者群体多为女性的产品，除了产品宣传册的尺寸可以适当窄小，还可以选择一些可爱或者华丽的配饰等。

（4）预留经销商联系方式的位置

一般产品宣传册会根据经销商的订单进行配额赠送，因此在设计时要考虑预留经销商联系方式的位置，以方便经销商自行填写联系方式。

5．移动端产品推送页设计

移动端产品推送页 H5 特指基于第五代"超文本标记语言"（Hyper Text Markup Language5，HTML5）技术的交互网页应用，以商业用途为主，是近两年因移动网络的发展而流行的一种"在线宣传册页"，因其具备无须印刷，方便消费者使用手机阅读，可及时被调整、修改及发布，表现形式多样，可形成影音动态效果等优点，深得企业喜爱。移动端产品推送页设计需要关注以下几个方面。

（1）标题

此类推广通过向消费者的手机发送链接，消费者收到的信息一般会显示标题、内容引导、内容缩略图等。标题就是决定消费者是否要点击阅读的关键，因此标题尤为重要。企业可以采用多种技巧来进行标题创作，如使用数字、制造悬念、饱含情绪、紧跟热点、名词背书、反差对比、超出常识、呼吁号召、利益驱动等。例如，"据说只有 1% 的人能看得懂""点击阅读，即可获得首单免费机会""最全的托福、雅思学习资料都在这里了""年轻人必看的 10 本书（××× 推荐）"。

此外，企业需要注意标题和内容引导的文字长度，这个与手机屏幕的尺寸有关，需要依据主流手机屏幕进行测试。例如，4.7 英寸和 5.5 英寸的手机，对同一条推送消息的显示结果是不同的，所以企业要根据自己想要的结果来设定标题和内容引导，避免造成主要信息被自动隐藏等问题。

想一想

哪些文章的标题曾经吸引到了你？你能总结它们的写作技巧吗？

_____

_____

（2）内容逻辑与要素

如果是产品推广的话，信息页面基本可以参考产品宣传册，但描述内容尽量简约，不需要展开陈述，一般直接表达定性结果即可，页面最后可以放置官方网站或网店的链接，感兴趣的消费者可以通过链接跳转，进行更详细的阅读，甚至可以直接下单完成交易。如果是其他公关活动类的推广，信息页面则直接陈述主题、时间、地点、主要事情、消费者利益、联系方式即可。同时还应注意，所有的音效、动画等效果，都是为主题服务的，不能喧宾夺主。

想一想

哪些广告文案曾经打动了你？你能总结它们的写作技巧吗？

_____

_____

（3）文字内容的数量与字体大小

手机屏幕不同于纸张，企业在策划内容时应尽量简约，直接陈述要点。一般引导页（或者叫铺垫页）尽量不要超过 3 页，不然消费者流失率会大增。而且每一屏的文字数量也要尽量控制，以编写"大字报"的逻辑来编写内页即可，做到消费者"扫一眼"就知道大概内容。同时页面字体不能太小，最小字体可参考一般 App 中正文所使用的字体大小，因为加上动态元素、音效等信息后，文字过小，阅读是非常容易被干扰的。

（4）页码数量

消费者现在每天会收到大量信息，因此在阅读"不一定与自己相关"的信息时，如果页码过多，就会容易引起反感，导致没有看完就会关闭信息页面。因此企业在策划宣传内容时尽量控制总页码，一般设定为15页比较合理，最多不要超过20页。

查一查

有哪些可以制作 H5 页面的工具？

_____

_____

6. 产品视频设计

产品视频是通过动态影像和声效手法，充分展现产品特质的一种传播形式。根据表现内容，产品视频可分为强调产品各项功能特质的产品陈述说明片、体现产品最强特点与消费场景的产品广告片、集娱乐放松于一体的产品短视频。

（1）产品陈述说明片

产品陈述说明片采用较为理性的陈述方式，把产品开发理念、产品综合特质、结构材料、应用场景等内容，甚至产品的一般故障清除、维修政策流程等各个方面，都进行较为翔实的陈述表达，时长可达 1 ~ 5 分钟，一般用于产品说明会、产品招商会、产品投标会等，受众对象以代理商、经销商、大宗购买商为主。

（2）产品广告片

相对于产品陈述说明片的面面俱到，产品广告片是在最为凸显的产品特质和优势上下功夫。产品广告片除了用于常规电视媒体播放，还可以在其他场景下使用，如专卖店、货架上、促销现场、电梯间、手机 App、门户网站、视频网站、线上店铺等，受众对象以最终购买者和使用者为主。

（3）产品短视频

与产品陈述说明片和产品广告片不同，产品短视频没有特定的表达形式，具有制作流程简单、制作门槛低、参与性强等特点。优秀的产品短视频具备极高的传播价值，而超短的制作周期和趣味化的内容则为产品短视频的文案和内容策划带来一定的挑战。

自学自测 ↓

一、单选题

1. 苹果手机采用的是哪种产品架构模式（　　　）。

　　A. 矩阵式　　　B. 排列式　　　C. 超级单品　　　D. 长尾市场

2. （　　　）对市场环境竞争因素考虑最少。

　　A. 成本导向定价法　　　　　　　　B. 竞争导向定价法

　　C. 产品矩阵综合定价　　　　　　　D. 品类对比定价法

3. 着重突出产品卖点体系的产品图片是（　　　）图片。

　　A. 标准呈现类　　　　　　　　　　B. 特质表达类

　　C. 调性表达类　　　　　　　　　　D. 形态表达类

4. 受众对象以代理商、经销商、大宗购买商为主的产品视频是（　　　）。

　　A. 产品广告片　　　　　　　　　　B. 品牌广告片

　　C. 品牌微电影　　　　　　　　　　D. 产品陈述说明片

5. 受众对象以最终购买者和使用者为主的产品视频是（　　　）。

　　A. 产品广告片　　　　　　　　　　B. 品牌广告片

　　C. 品牌微电影　　　　　　　　　　D. 产品陈述说明片

二、多选题

1. 产品架构模式包括（　　　）。

　　A. 矩阵式　　　　B. 排列式　　　　C. 超级单品　　　D. 长尾市场

2. 以下属于产品名的有（　　　）。

　　A. 谭木匠　　　　　　　　　　　　B. 联想拯救者

　　C. 天猫精灵方糖　　　　　　　　　D. 华为 Mate 30

3. FABE 推销法具体是指（　　　）。

　　A. 特征　　　　　B. 优点　　　　　C. 好处　　　　　D. 证据

4. 对于（　　　）产品来说，售点展示包装的设计比运输包装设计更加重要。

　　A. 饼干　　　　　B. 调味品　　　　C. 巧克力　　　　D. 冰箱

5. 调性表达类产品图片主要展示产品的（　　　）。

　　A. 受众人群　　　B. 品牌定位　　　C. 消费情景　　　D. 形状结构

三、判断题

1. 要让消费者认同你的品牌，首先得让消费者认同你的产品。（　　　）

2. 不同的行业，消费者对其产品的核心关注点会不同。（　　　）

3. 成功品牌在产品上都是选择核心差异，并非全面赶超。（　　　）

4. 产品命名要把重点放在该产品的特点提炼上。（　　　）

5. 标题是决定消费者是否点击阅读的关键因素之一。（　　　）

四、简答题

1. 简述产品定位的方法。

2. 简述产品定价的方法。

3. 简述产品广告语与品牌广告语的不同点。

4. 简述产品包装设计应注意的问题。

5. 简述产品宣传册设计的核心逻辑与要素。

课中实训

他山之石

蓝章策划——秦老太产品策划

秦老太经营芝麻糊、核桃粉、豆奶粉等传统冲调食品24年，多数产品带有较强的"老年"属性，年轻人不喜欢，该品牌经重新定位，聚焦"轻松食养餐"。

秦老太的明星产品为"红枣银耳莲子羹"，但却是小众产品。小品类产品的特点是可以让新品牌快速入市，但却不能形成品类大势，需要重新梳理产品架构。

从大数据报告来看，燕麦相比芝麻糊、藕粉、核桃粉等品类，搜索差异巨大，而且燕麦尚属"全球十大健康食品"，受到全球年轻人喜爱。从终端调研来看，燕麦已成为冲调食品的主力军，秦老太虽产品品类多，但大多是小品类，上架处境较为尴尬。从竞争环境来看，消费者对西麦、桂格品牌认知度较高，因此如果以创新角度切入并深耕，理应可以"分羹"。从自身品牌定位来看，可以强化燕麦的"谷物冲饮餐"概念，可聚焦职场女性的早餐、学生的课间餐……因此，依据"基数、刚需、频次、黏性"等评判标准，燕麦产品应该更为合适被放大，以形成秦老太"爆品"。

想一想

- 秦老太燕麦产品所处行业的特点、消费人群和竞品是什么？
- 秦老太燕麦产品应该如何定位？
- 秦老太燕麦产品如何让年轻一代产生情感共鸣？

_____

_____

请用手机扫描下列二维码获取蓝章策划对秦老太产品的策划方案。

1. 秦老太品牌模式架构
2. 秦老太产品策划

请学习借鉴该案例中蓝章策划对秦老太产品进行产品策划的思考方式，运用课前自学的知识、工具和方法，完成下列实训任务。

实训一 产品现状分析

任务一 产品外部环境分析

任务描述：学生以小组为单位，选择一个产品（或者使用老师指定的某个产品），运用项目二中介绍的方法，对这个产品所处的行业发展趋势、消费者需求与消费者行为以及竞争格局与竞争策略进行分析。请将研究结果做成展示 PPT，并将要点记录在表 4-3 中。

表 4-3 产品外部环境分析

研究目标	研究结果
行业发展趋势研究	
消费者需求与消费者行为研究	
竞争格局与竞争策略研究	

任务二 产品架构模式制定

任务描述：学生小组选择并分析产品架构模式。请将研究结果做成展示 PPT，并将要点记录在表 4-4 中。

表 4-4 产品架构模式制定

研究目标	研究结果
产品架构模式选择	□矩阵式产品架构模式 □超级单品模式 □长尾市场模式
产品架构模式分析	

实训二　产品开发策划

任务一　自身产品特质梳理

任务描述：学生以小组为单位，在实训一的基础上，对产品的外观、功能、结构等进行进一步梳理分析。请将研究结果做成展示 PPT，并将要点记录在表 4-5 中。

表 4-5　自身产品特质梳理

研究目标	研究结果
自身产品特质	

任务二　产品定位

任务描述：学生小组在产品现状分析的基础上，使用项目二中介绍过的"三轴定位法"，进行产品定位。请将研究结果做成展示 PPT，并将要点记录在表 4-6 中。

表 4-6　产品定位

研究目标	研究结果
消费需求	
自身特质	
竞争环境	
"三轴交叉点"	
产品定位分析	

任务三　产品定价

任务描述：学生小组综合使用成本导向定价法、竞争导向定价法、品类比对定价法（如果产品是新品类）、产品矩阵综合定价法（如果选择矩阵式产品架构模式）等定价方法，对产品进行定价。请将研究结果做成展示PPT，并将要点记录在表4-7中。

课中实训

表4-7　产品定价

研究目标	研究结果
预期利润	
成本导向定价法	
竞争导向定价法	
品类比对定价法（如果产品是新品类）	
产品矩阵综合定价法（如果选择矩阵式产品架构模式）	

任务四 产品命名

任务描述：学生小组运用产品命名的技巧，给产品命名并简述理由。请将研究结果做成展示 PPT，并将要点记录在表 4-8 中。

表 4-8 产品命名

研究目标	研究结果
产品名称	
产品名称解析	

任务五 产品广告语创作

任务描述：学生小组运用产品广告语创作的原理和方法进行产品广告语创作，并简述广告语创作思路。请将研究结果做成展示 PPT，并将要点记录在表 4-9 中。

表 4-9 产品广告语创作

研究目标	研究结果
产品广告语	
创作思路解析	

课中实训

任务六　产品竞争优势与产品卖点提炼

任务描述：学生小组分别运用 USP 理论和 FABE 推销法，对产品竞争优势与产品卖点进行提炼。请将研究结果做成展示 PPT，并将要点记录在表 4-10 中。

表 4-10　产品竞争优势与产品卖点提炼

研究目标		研究结果
运用 USP 理论提炼	概念	
	利益	
	技术支撑	
	信任背书	
运用 FABE 推销法提炼	特征	
	优点	
	利益	
	证据	

课中实训

实训三　产品形象设计

任务一　产品Logo设计

任务描述：学生以小组为单位，运用产品 Logo 设计的技巧，对产品 Logo 进行设计，并陈述创作思路。请将研究结果做成展示 PPT，并将要点记录在表 4-11 中。

表 4–11　产品 Logo 设计

研究目标	研究结果
产品 Logo	
创作思路解析	

任务二　产品包装设计

任务描述：学生小组运用产品包装设计的技巧，对产品包装进行设计，并陈述创作思路。请将研究结果做成展示 PPT，并将要点记录在表 4-12 中。

表 4–12　产品包装设计

研究目标	研究结果
产品运输包装	
产品售点展示包装	
创作思路解析	

任务三　产品图片设计

任务描述：学生小组从标准呈现、特质表达和格调表达 3 个角度对产品进行拍摄，形成最终产品图片。请将研究结果做成展示 PPT，并将要点记录在表 4-13 中。

表 4-13　产品图片设计

研究目标	研究结果
标准呈现类 产品图片	
特质表达类 产品图片	
格调表达类 产品图片	

任务四　产品宣传册设计

任务描述：学生小组运用产品宣传册设计的方法，先思考产品宣传的文字和图片内容，再进行产品宣传册的开本尺寸与版面布局设计，最后使用 Word 等工具，制作一份产品宣传册。请将要点记录在表 4-14 中。

表 4-14 产品宣传册设计

研究目标	研究结果
产品宣传册的文字和图片内容	
产品宣传册的开本尺寸与版面布局	
产品宣传册的印刷工艺	

任务五 产品H5页面设计

任务描述：学生小组选择一种 H5 页面制作工具（或者使用老师指定的工具），运用产品 H5 页面设计的方法，进行标题、文案、排版等设计。请将要点记录在表 4-15 中。

表 4-15　产品 H5 页面设计

研究目标	研究结果
制作工具	
标题	
文案	
排版	

任务六　产品视频设计

任务描述：学生小组为产品设计一则 30 秒以内的产品广告片，并写出广告片脚本，要求符合产品广告片内容的要求，感兴趣的小组可以录制出视频成品。请将研究结果做成展示 PPT，并将要点记录在表 4-16 和表 4-17 中。

表 4-16　产品广告片设计

研究目标	研究结果
产品广告片主题	
产品广告片故事梗概	

表 4-17　产品广告片脚本

镜号	景别	长度	画面内容	声音	字幕
镜号	景别	长度	画面内容	声音	字幕

课中实训

复盘反思 ↓

1. 知识盘点：通过对产品策划项目的学习，你掌握了哪些知识点？请画出思维导图。

2. 方法反思：在完成本项目学习和实训的过程中，你学会了哪些分析和解决问题的方法？

3. 行动影响：在完成本项目学习和实训的过程中，你认为自己还有哪些地方需要改进？

实训项目评价 ↓

技能点评价表

使用说明：

按评价指标评价项目技能点成绩，满分为 100 分。其中，作品文案为 80 分，展示陈述为 20 分。教师评价占比为 40%，企业评价占比为 40%，学生互评占比为 20%。

	技能点评价指标	分值	得分
作品文案	产品外部环境分析的准确性	5	
	产品特质梳理的准确性	5	
	产品架构模式设计的合理性	5	
	产品定位的合理性	6	
	产品定价的合理性	5	
	产品命名的合理性	5	
	产品广告语的创新性与吸引力	6	
	产品竞争优势与产品卖点提炼的合理性	6	
	产品 Logo 设计的合理性	5	
	产品包装设计的合理性	5	
	产品图片设计的美观性和合理性	5	
	产品宣传册设计的美观性和合理性	5	
	产品 H5 页面设计的美观性和合理性	6	
	产品广告片设计的创意性和吸引力	6	
	内容的原创性（不可过多陈述企业现有的成就和做法）	5	
展示陈述	演讲专业程度（包括视觉辅助工具的使用，如 PPT）	5	
	语言技巧和非语言技巧	5	
	团队合作配合程度	5	
	时间分配	5	

素养点评价表

使用说明：

按评价指标评价项目素养点成绩，按优秀为 5 分、良好为 4 分、一般为 3 分、合格为 2 分、不合格为 1 分 5 个等级评价。分为学生自评与小组成员互评。

素养点评价指标		得分
自评	团队精神和协作能力：能与小组成员合作完成项目	
	沟通交流和理解能力：能良好表达自己的观点，善于倾听他人的观点	
	信息素养和学习能力：善于搜集借鉴有用资讯和好的思路想法	
	独立思考和创新能力：能提出新的想法、建议和策略	
	品牌意识和责任精神：核心价值、意识信念与时代精神的提升	
组员 1	团队精神和协作能力：能与小组成员合作完成项目	
	沟通交流和理解能力：能良好表达自己的观点，善于倾听他人的观点	
	信息素养和学习能力：善于搜集借鉴有用资讯和好的思路想法	
	独立思考和创新能力：能提出新的想法、建议和策略	
	品牌意识和责任精神：核心价值、意识信念与时代精神的提升	
组员 2	团队精神和协作能力：能与小组成员合作完成项目	
	沟通交流和理解能力：能良好表达自己的观点，善于倾听他人的观点	
	信息素养和学习能力：善于搜集借鉴有用资讯和好的思路想法	
	独立思考和创新能力：能提出新的想法、建议和策略	
	品牌意识和责任精神：核心价值、意识信念与时代精神的提升	
组员 3	团队精神和协作能力：能与小组成员合作完成项目	
	沟通交流和理解能力：能良好表达自己的观点，善于倾听他人的观点	
	信息素养和学习能力：善于搜集借鉴有用资讯和好的思路想法	
	独立思考和创新能力：能提出新的想法、建议和策略	
	品牌意识和责任精神：核心价值、意识信念与时代精神的提升	
组员 4	团队精神和协作能力：能与小组成员合作完成项目	
	沟通交流和理解能力：能良好表达自己的观点，善于倾听他人的观点	
	信息素养和学习能力：善于搜集借鉴有用资讯和好的思路想法	
	独立思考和创新能力：能提出新的想法、建议和策略	
	品牌意识和责任精神：核心价值、意识信念与时代精神的提升	
组员 5	团队精神和协作能力：能与小组成员合作完成项目	
	沟通交流和理解能力：能良好表达自己的观点，善于倾听他人的观点	
	信息素养和学习能力：善于搜集借鉴有用资讯和好的思路想法	
	独立思考和创新能力：能提出新的想法、建议和策略	
	品牌意识和责任精神：核心价值、意识信念与时代精神的提升	

课后提升

案例一　蓝章策划——鹿丫丫的产品策划

鹿丫丫的湿巾产品策划根据人群与场景进行规划。在家庭、儿童、湿厕纸、宠物四大类别中，分别细化应用场景，并确定品类名称，同时根据不同应用场景，进一步细化和增加技术性卖点。

在定价单元，以价值链管理的逻辑，采用竞品对标的方式进行定价。通过将主要竞品的产品拆解到最小单元进行对比，再根据自身的特质和优势来确定价格，从而根据定价的比率来确定产品的结构。

在产品包装设计环节，蓝章策划提供了 3 个方案，一个是以 IP 造型为主要视觉的方式呈现，这种方式较为活泼，受众明显低龄化；一个是采用淡色底纹的方式进行呈现，较为雅致，且保湿盖子的结构采用 Logo 造型，品牌 DNA 体现的较强，风格适应性较广；一个是国潮风格，画了一匹白色鹿，配色上也较为沉稳，这种风格颇受电商渠道青睐。

请用手机扫描下列二维码获取蓝章策划对鹿丫丫的产品策划方案。

1. 鹿丫丫产品策划

2. 鹿丫丫品牌包装设计

3. 鹿丫丫品牌形象设计与选择

思考题

1. 本案例中蓝章策划是如何为鹿丫丫进行产品定价的？

_____

_____

2. 本案例的 3 个产品包装方案，你会选择哪一个？为什么？

_____

_____

案例二　蓝章策划——宏济堂阿胶雪梨膏的产品策划

宏济堂阿胶雪梨膏，是宏济堂阿胶版块的新产品，传统阿胶的营销存在两大先天问题，一是礼品属性过强，因此购买频次较低；二是无论自购还是亲朋赠送，食用频次也较低，因此亟需开发一款适合自购和高频食用的阿胶类产品，于是确定了阿胶雪梨膏。

宏济堂阿胶雪梨膏的产品策划的内容主要包括产品表现与机会洞察、产品核心价值与定位、产品广告语与传播、产品开发与卖点体系构建、包装设计等模块。

请用手机扫描下列二维码获取蓝章策划对宏济堂阿胶雪梨膏的产品策划方案。

1．宏济堂阿胶雪梨膏产品表现与机会洞察（一）

2．宏济堂阿胶雪梨膏产品表现与机会洞察（二）

3．宏济堂阿胶雪梨膏产品核心价值与定位

4．宏济堂阿胶雪梨膏产品广告语与传播

5．宏济堂阿胶雪梨膏产品开发与卖点体系构建

6．宏济堂阿胶雪梨膏包装设计

课后提升

思考题

本案例中蓝章策划是如何为宏济堂阿胶雪梨膏进行产品定位的？

案例三　蓝章策划——知袜郎的卖点体系提炼

知袜郎是一家专营袜子的连锁门店品牌，产品以舒适为主打方向，更适合一家人的穿着，因此确定了"一家人的袜屋"的产品定位，品牌的卖点体系构建的宗旨就要围绕家庭/个人为主的C端需求来说明品牌的优势。

首先要讲"产品风格"，这是区分一个品牌较为直观的区隔方式，要说明它不是主打时尚潮牌、不是功能性抗菌除臭等品牌，而且要把"太朴素"的认知劣势转化为普适的优势，因此产品风格的标题确定为"百搭款、全家范"。

其次要讲"品质优势"，产品好不好也是关键，尤其对于舒适赛道的品牌来说，没有突出产品花色和功能后，品质好不好，则显得尤为重要。因此品质优势模块的标题确定为"越细致、悦生活"。以细致的诉求表达产品品质，以热爱生活迎合品牌的目标消费者。

最后要讲"渠道优势"，知袜郎的渠道以线下社区门店为主，使消费者在回家路上、晚饭后闲逛时，就能把袜子买了，非常方便，所以一定要将网点优势转化为消费利益，因此渠道优势模块的标题确定为"方便买、放心买"。

请用手机扫描下列二维码获取蓝章策划对知袜郎的卖点体系提炼。

知袜郎的卖点
体系

思考题

根据本案例分析如何依据消费者的需求提炼品牌的卖点体系？

课后提升

项目五

品牌推广

知识目标

1. 了解品牌推广的作用。
2. 掌握营销渠道设计的原则。
3. 掌握整合营销传播的方法。
4. 掌握品牌危机公关的原则。

能力目标

1. 能够根据产品和企业资源进行渠道设计。
2. 能够撰写整合营销活动策划方案。
3. 能够对企业的品牌危机公关提出建议。

素养目标

1. 具有团队精神和协作能力，小组能够协调合作完成任务。
2. 具有良好的沟通交流和理解能力，能够有效表达观点并完成成果汇报展示。
3. 具有信息素养和学习能力，能够运用正确的方法和技巧掌握新知识、新技能。
4. 具有独立思考和创新能力，能针对新项目的特点应用品牌推广知识点完成项目任务。
5. 崇尚宪法、遵纪守法，整合营销传播活动的策划要符合相应的法律法规。
6. 崇德向善、诚实守信、具有社会责任感，在处理品牌危机公关的时候能够真诚坦率地面对媒体和公众，主动承担责任。

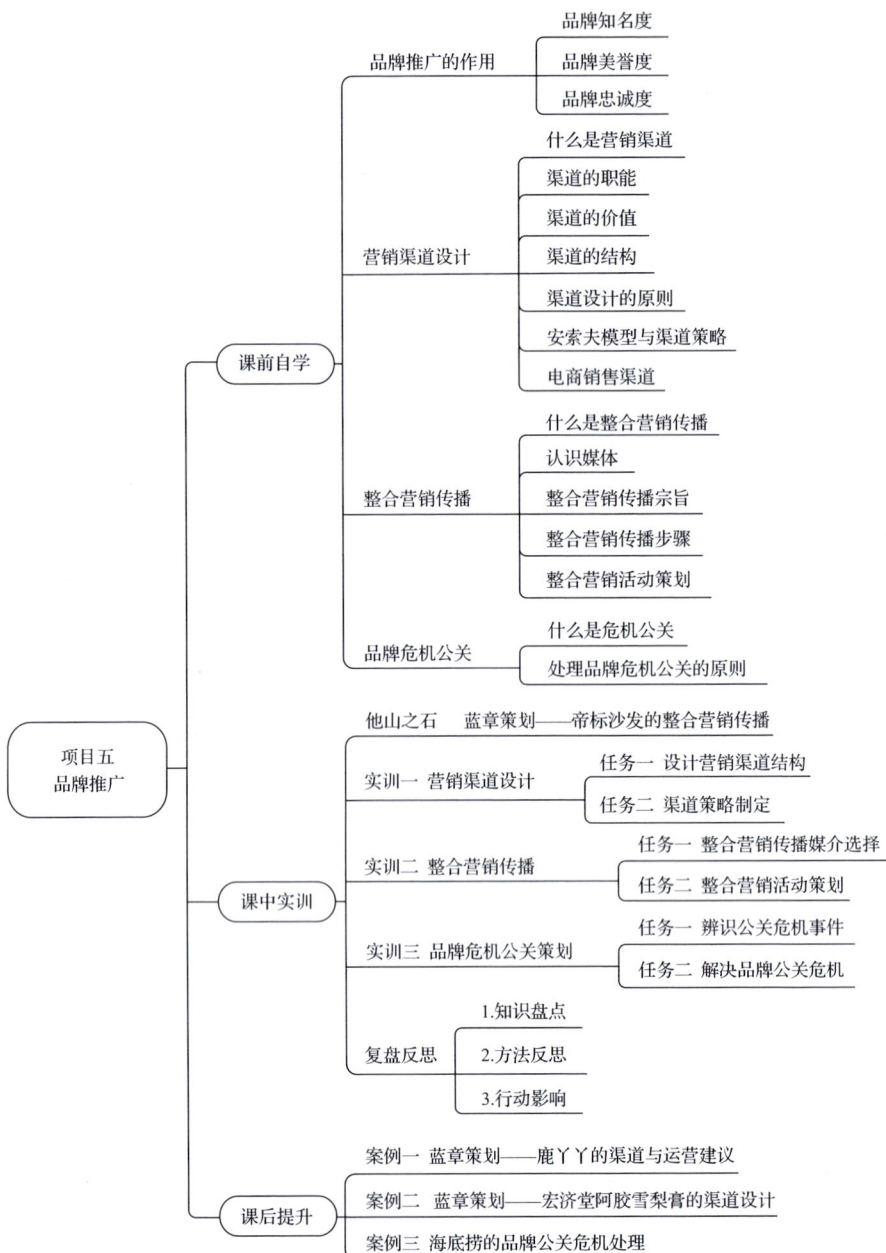

思维导图 ↓

```
                                                         品牌知名度
                                       品牌推广的作用 ─── 品牌美誉度
                                                         品牌忠诚度

                                                         什么是营销渠道
                                                         渠道的职能
                                                         渠道的价值
                                       营销渠道设计 ───── 渠道的结构
                                                         渠道设计的原则
                                                         安索夫模型与渠道策略
                                                         电商销售渠道
                          课前自学
                                                         什么是整合营销传播
                                                         认识媒体
                                       整合营销传播 ───── 整合营销传播宗旨
                                                         整合营销传播步骤
                                                         整合营销活动策划

                                                         什么是危机公关
                                       品牌危机公关 ───── 处理品牌危机公关的原则


                                   他山之石　蓝章策划——帝标沙发的整合营销传播

                                                            任务一　设计营销渠道结构
                                       实训一　营销渠道设计 ─
                                                            任务二　渠道策略制定
  项目五
  品牌推广                                                    任务一　整合营销传播媒介选择
                                       实训二　整合营销传播 ─
                                                            任务二　整合营销活动策划
                          课中实训
                                                            任务一　辨识公关危机事件
                                       实训三　品牌危机公关策划 ─
                                                            任务二　解决品牌公关危机

                                                    1.知识盘点
                                       复盘反思 ──── 2.方法反思
                                                    3.行动影响


                                   案例一　蓝章策划——鹿丫丫的渠道与运营建议
                          课后提升    案例二　蓝章策划——宏济堂阿胶雪梨膏的渠道设计
                                   案例三　海底捞的品牌公关危机处理
```

课前自学

一、品牌推广的作用

企业在完成品牌策划和产品策划后，就进入品牌传播与推广的环节。品牌只有被消费者认可了，才能真正形成品牌资产。而品牌传播与推广就是将策划完成的品牌和产品形象，转化为品牌资产的过程，也是打造品牌的知名度、美誉度和忠诚度的过程。

1.品牌知名度

品牌知名度指品牌被公众知晓、了解的程度，即消费者在想到某一类别的产品时，脑海中能想起某一品牌的程度。

品牌知名度是品牌能为企业提供的最基本利益，消费者总是对自己熟悉的产品比较信任，而且更容易记住与之相关的信息，这对提高营销活动效率非常有帮助。有效的渠道和有效的传播，才能为品牌带来知名度。

2.品牌美誉度

品牌美誉度是指品牌获得公众信任、支持和赞许的程度，是消费者对品牌的整体印象和评价。品牌美誉度真正反映了品牌在消费者心目中的价值水平。

品牌知名度高不一定代表着品牌就有很好的美誉度，优异的产品质量和良好的企业信誉是维护品牌美誉度的前提，也是品牌维持其魅力的法宝。知名度可以通过传播与推广手段快速提高，而美誉度的形成则需要企业长期如一对产品品质的坚持，以及一系列的符合商业道德的正向传播活动和行为，才能建立起来。

3.品牌忠诚度

品牌忠诚度指能够让消费者反复购买、持续消费同一品牌的程度，它是一种消费者对品牌偏爱的心理反应，反映了消费者对该品牌的信任和依赖的程度。

品牌忠诚度是品牌经营的终极目标，较高的品牌忠诚度意味着消费者重复购买和积极推荐，它所带给企业的是持续的营业收入和安全的发展前景。越来越多的学者认为，现在年轻的"90后""00后"消费群体，在品牌消费方面越来越"不忠诚"，表面上看是可供选择的优秀品牌越来越多，但本质是品牌能带来的"消费利益"，即"高性价比"或"高地位象征"越来越少。品牌只有在具备较高美誉度的影响下，才能获得较高的忠诚度。

二、营销渠道设计

1.什么是营销渠道

营销渠道，简单来说，就是企业生产出来的产品通过什么方式让消费者可以买到。

营销学之父菲利浦·科特勒先生对营销渠道的定义：在生产者和最终用户之间，执行不同功能和具有不同名称的营销中介机构，组成了营销渠道，渠道是促成产品和服务顺利地被使用和消费的一系列相互依存的独立组织。

这个定义清晰地表达了营销渠道的形态和用途，不同功能和具有不同名称的营销中介机构，可以理解为省/市/县区级代理、商超代理、医院系统代理、线上天猫代理等不同地域或行业的经销机构，整个渠道各个环节就会涉及信息沟通、资金转移和货品转移等。营销渠道更像"一座桥梁"，把产品从生产者那里转移到消费者手中，它弥合了产品、服务和消费者之间的缺口，主要包括时间、地点和持有权等。

2．渠道的职能

（1）订货

渠道为消费者提供产品信息，同时方便厂家获取消费者的需求信息，以求达到供求平衡。一个完善的订货系统，可以最大限度地降低库存，减少成本。

（2）结算

商家在进货时需要向厂家付款，消费者在购买产品后需要向商家付款。

（3）配送

对于有形货物的配送，会涉及运输和仓储问题。零售商进货数量较大，厂家会通过物流公司为零售商发货；而消费者基本都是购买单件货物，因此如果单价货物体积较大，零售商需要为消费者提供配送服务，消费者在线上购物时，零售商直接采用快递配送服务。

3．渠道的价值

当企业的产品经历渠道的订货、结算、配送三大过程后，也就完成了从产品到商品，再到用品的转变，渠道也就实现了其基本价值。渠道的价值包括以下几点。

（1）疏通生产者与消费者之间的障碍，铺平产品到用品的道路。

（2）提高营销效率，降低营销成本，企业无须再到处寻找消费者，节省大量费用。

（3）发挥协同作用，实现市场资源共享，大大提高商品营销速度，拓展了销售空间。

（4）帮助企业规避市场风险，可帮助企业抵御市场开拓风险、仓储风险、运输风险、资金风险等。

（5）渠道是企业的无形资产，可实现调研、促销、寻求消费者、编配商品、交易洽谈、财务融资等多方面价值。

4．渠道的结构

以一个电子产品生产企业为例，渠道可以分为纵向渠道结构和横向渠道结构，如图 5-1 所示。

课前自学

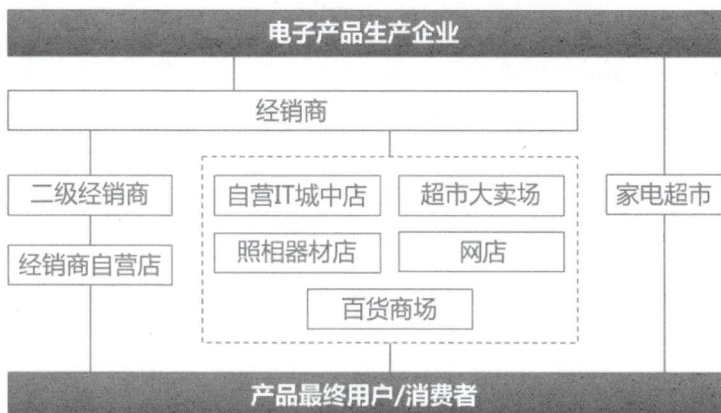

图5-1　电子产品生产企业的渠道结构

（1）纵向渠道结构

纵向渠道结构即渠道的层级，通常包括短渠道与长渠道，该企业最长的渠道是企业通过经销商、二级经销商、经销商自营店到消费者，而最短的渠道就是企业通过家电超市到消费者。

短渠道与长渠道各有特点，如表5-1所示。

表5-1　短渠道与长渠道的特点

短渠道特点	长渠道特点
减少渠道利润分配	需有利润空间支撑
市场反应迅速	市场反应速度慢
分散企业风险	企业风险增加
营销成本较高	营销费用较低

（2）横向渠道结构

横向渠道结构即渠道的数量，通常包括窄渠道与宽渠道，该企业分为3个横向渠道结构，分别是经销商、家电超市，以及其他各类相关渠道集合。

窄渠道与宽渠道各有特点，如表5-2所示。

表5-2　窄渠道与宽渠道的特点

窄渠道特点	宽渠道特点
渠道利润集中	渠道利润分散
市场易于管控	市场不易管控
渠道之间冲突小	渠道冲突较大
产品分销面狭窄	产品分销面广

5．渠道设计的原则

（1）渠道设计的核心宗旨

渠道设计的核心宗旨是以消费者为导向，以企业资源为标准。

① 方便购买：一切以方便消费者购买为准绳。

② 服务到位：根据产品类别不同，方便为消费者提供适合的服务。

③ 资源合理：营销效率最高、营销费用最低。

④ 和谐共赢：企业与渠道之间，要以和谐共赢为发展原则，互惠互利。

（2）选择短渠道的几种情况

① 大型专用技术型产品、需要较强的售前与售后顾问服务的产品。

② 需要直接向消费者介绍产品特性的产品。

③ 需要对渠道本身有较强控制力。

④ 需要减少流通费用，掌握价格主动权。

（3）选择长渠道的几种情况

① 日常用品、快消品等产品。

② 需要扩大产品流通范围和销量、提高市场占有率。

③ 企业资金有限，对渠道控制力较弱。

（4）选择宽渠道的几种情况

① 产品差异性小、价格低，且消费者较为集中、分布广、消费数量大。

② 企业资源较少，资金紧张，需节省开支、提高效率。

③ 企业未建立营销渠道或营销渠道不多。

（5）选择窄渠道的几种情况

① 技术型产品，需要专业性售前与售后顾问服务的产品。

② 产品市场覆盖面小、市场风险又较大。

③ 市场竞争格局比较稳定。

6．安索夫模型与渠道策略

安索夫模型是安索夫博士于 1957 年提出的，以产品和市场作为两大基本面向，区别出 4 种产品 / 市场组合和相对应的营销策略，如表 5-3 所示。

表 5-3　安索夫模型

模型		产品	
		老产品	新产品
市场	成熟市场	市场渗透	开发新品
	新市场	市场拓新	多样化

（1）市场渗透

市场渗透策略的前提条件是产品与消费者不变。如果是老产品，又处于成熟市场，就需要考虑采用市场渗透策略，即长渠道策略。其本质是增加渠道层级，增加多个网点，力求扩大产品的市场占有率。

（2）市场拓新

市场拓新策略是为现有产品拓展新的销售市场，即宽渠道策略。其本质是通过增加营销渠道，在不同的市场，找到相同需求的消费者，但需要进行产品重新定位和销售方式调整。例如，企业过去只有单一的商超渠道，现在计划拓展社区便利店等多个渠道。

（3）开发新品

开发新品策略指采取产品开发或升级策略，卖给目标消费者。其本质是通过扩大产品线，来提高产品的市场占有率，这是拓展新渠道较好的时机，即宽渠道。例如，可口可乐公司新开发的无糖可乐，目标是不喜欢或不能喝含糖饮料的消费者。

（4）多样化

多样化策略是指利用新产品开发新市场，可以综合考虑长短渠道和宽窄渠道。其本质是进行跨界经营，因为企业过去积累的经营优势无法进行转移，所以经营风险较大。这种策略适用于较为成熟的行业，例如，很多品牌开通线上商城后，开发"线上款"产品进行销售，以杜绝与线下经销体系的冲突。

7. 电商销售渠道

相对于线下营销渠道，电商销售渠道具有无须门店租赁与装修费用、获客地域不受限、流量较大等优势，因此越来越多的企业选择电商渠道，有不少品牌甚至只做电商渠道。

电商平台分为两大类，一是交易型电商平台，目前为电商市场的主导者；二是内容型电商平台，近几年逐渐兴起。

（1）交易型电商平台

交易型电商平台包括天猫商城、京东商城、苏宁易购等。

交易型电商在国内起源较早，以平台交易为主，流量巨大，因此各大企业纷纷入驻，成为电商市场的主导者。但随着"交易比价"越来越严重，平台流量也越来越贵，因此很多小微企业虽然在电商平台上开设了店铺，但因为流量购买成本难以控制，因此业绩也不太理想。

但交易型电商平台更像一个品牌在互联网上开设的一个标准原型旗舰店，这个旗舰店有着标杆的作用，因此，也有很多企业把交易电商平台上的店铺作用定义为树立品牌与产品形象，将开店成本核算到营销广告费用内。

（2）内容型电商平台

内容型电商平台包括拼多多、有赞、微商、微信小程序、抖音等。

随着互联网"去中心化"的趋势，交易型电商平台的各种弊端开始显现，内容型电商应运而生。

相对于交易型电商平台的"公开性"，内容型电商平台却是相对封闭的，避免了"比价"动作，并且多以内容为主导，通过输出优质内容，获得更多关注，形成常态连接，从而达成销售。所以内容型电商平台的服务黏性和销售价格相对占有优势，但流量却更多需要品牌主自行获取，因此这种电商形式更适合规模比较小，产品具有特点和优势的企业。当然随着各类内容型电商平台的成熟，流量也越来越大，直播"带货"越来越强，因此越来越多的大品牌开始向内容型电商平台转移。

三、整合营销传播

1. 什么是整合营销传播

整合营销传播（Integrated Marketing Communication，IMC），是以消费者为导向，采用统一的传播信息（诉求），协同品牌广告、促销活动、公关活动、品牌形象、产品包装、新闻媒体等所有传播渠道与载体向消费者进行传达。即"用一种声音，传播一个形象，形成一个认知"。

整合营销传播本身并不是目的，而是一种手段，是依据品牌与产品的定位与诉求，采用各种不同的传播载体与方式，优化传播资源配置，通过不断重复传播"一种声音，一个形象"，发挥不同传播工具的优势，以达到"形成一个认知"的聚焦效应，从而有效降低消费者认知成本，提高传播的效率，最大化实现营销传播效果，同时不断塑造、巩固与提升品牌资产。

王老吉长期坚持在多个场合，多种载体中体现其核心诉求："怕上火，喝王老吉"，因此就形成"如果消费者担心自己上火，那就喝点王老吉"的潜在认知，所以，当消费者遇到吃火锅的情况时，会非常自然地联想到"来一罐王老吉吧！"，那么王老吉的"预防上火饮料"的品牌资产就会逐渐形成。

如果企业希望消费者记住企业的品牌或产品，除了"用一种声音，传播一个形象"外，更重要的就是"不断重复"它。所以企业需要努力通过企业内部团队与外部资源合作，相互协同，把品牌传播信息"千人一面"地贯彻到所有品牌营销层面。

2. 认识媒体

整合营销传播的信息，必须通过媒体进行搭载与传播。媒体是指传播信息的媒介，是传递与获取信息的工具、渠道、载体等的一切技术手段。主要的传统媒体有报纸、电视、广播、杂志、户外媒体、宣传册（页）等。

随着科技的进步，出现了更多的新媒体，但新媒体是一个宽泛的概念，是指利用数字技术和网络技术，通过互联网和移动网络等渠道，以及计算机、手机、数字电视机等终端，向消费者提供信息的传播形态。

（1）传统媒体的特质

传统媒体出现时间较早，过去几十年长期占据主流媒体的地位，无论发行量还是话语权，都有着至关重要的地位。如今虽然日渐式微，但依然有其独特的价值。

- 报纸

报纸是较早出现的媒体，各个报纸的分类也比较全，但无论是新闻类报纸，还是生活类报纸，都很难阻挡数字时代的洪流，而且报纸的静态媒体形式局限性较大。但报纸价格低、易于锁定目标市场、广告形式灵活，且报纸有非常好的留存度，信息展现也较为直观。现在报纸一般被作为公关型活动传播的辅助媒体，尤其是与政策和民生导向相关的活动。

- 广播

广播受众较窄，过去一度成为"老年"媒体，但随着中国私家车数量的增长，广播媒体又迎来曙光，在封闭的汽车环境中，听广播成为很多人的选择，并且广播的重复性强、区域性明确，可以实现较好的电话互动。因此在早晚出行高峰期，用以促销类广告的传播，是个不错的选择。但广播只有声音的传播，缺乏画面感，产品外观无法展示，一般作为补充型媒体。

- 电视

电视过去一度是较为核心、主流的媒体之一，声画形式完善，画面制作精良，展示形式较为生动直观，受众广，时效性强，有一定舆论导向特征。但电视广告价格昂贵、展示时间短、互动性不强，且容易受到频道转换等因素干扰，受众也逐渐呈现老龄化特征。

- 杂志

杂志的编辑发行周期长，灵活性差，易受销售网点的制约，因此杂志一直没有成为盛行的媒体，尤其在移动互联网时代，杂志的生存空间越来越小。但杂志的读者群体相对固定，尤其是较为专业的行业杂志，可以作为新产品、新技术的投放渠道。

- 户外媒体

交通的发展极大地方便了人们的出行，户外媒体也呈现良好的发展态势。如果广告版面或形式足够有吸引力，就可以成为区域地标。例如，本地最高的楼顶广告、人流最集中的商圈广告、各种特型广告等都会取得较好的反响。但户外广告也同样因为媒体位置固定，所以存在非选择性观看，接触时间短，受环境限制，受众规模难以测量（主要靠人流来计算广告的千人成本）等缺点，且户外广告的干扰因素越来越大，也成为户外广告投放不得不考虑的问题。

（2）新媒体的特点

新媒体相对于传统媒体来说，其最大的不同是内容信息的及时更新和互动性，以及更加丰富多元的形态与样式。未来随着科技的发展，会有更多更新的数字化新媒体出现。新媒体目前而言有以下几个特点。

- 更新速度快

传统媒体一般会受发布版面数量、播放时间段等限制，需要提前进行广告投放，这相对于节奏较快的具体营销活动而言，就会时常处于被动。而新媒体多采用数字信号，可通过云端即时更新，还可以不断延伸其板块内容，极大地方便了企业营销活动的实施。

- 互动性

新媒体与传统媒体最核心的差别在于互动性，新一代年轻人更擅长发现有着共同兴趣爱好的"圈子"，因此，移动互联网技术助推了各种 App 的发展，除了专门的社交 App（如微信），各种平台（淘宝）与商家都在设计互动接口，以方便与消费者进行互动，听取消费者的声音，来反推企业的产品与服务的改造。

- 多元化

现在新媒体的形态呈现多样性，各种"载体"都可以成为"媒体"，各种"形态"都可以成为"广告"。例如，个人空间因"私域流量"客观，一些"大 V"的微博空间，就成了商家看重的"媒体"，另外，还有微信朋友圈，以及各种平台的公众号。因此，无须就此定义新媒体的形式，只要是非传统媒体，可进行有效的商业信息传播，就可以被归纳为新媒体。

- 信息量大且精准

新媒体的广告信息可以任意添加，不受版面和时长限制，并且实时性与持久性统一，还可根据互联网化的社群属性，直接针对目标客群进行精准营销。

3. 整合营销传播宗旨

（1）信息传播必须统一，实现单点聚焦的整合能量。

（2）考虑品牌目标客群属性与需求，结合企业自身资源，量身定制媒体专属方案。

（3）建立有效的传播反馈系统，以期及时修正与调整传播的内容，并进行总结。

（4）企业内部要以营销为发展导向，并以此构建传播审核流程。

4. 整合营销传播步骤

（1）制订传播计划

传播计划要根据企业经营战略及年度营销目标和策略来制订。企业经营战略是总体纲领，用于指导年度营销传播方向，不让营销动作"跑偏"。年度营销目标是具体细化的指标，如销售商、销售渠道、销售数量、营业收入等，营销部门需要进行分解落实各项指标，然后制定完成各项指标的营销策略。在此基础上，以年度为单元，确定"一个声音、一个画面"的传播计划。在年度整合传播计划中，极少出现多维度传播目标，但部分品牌会出现子品牌或者两个以上核心单品的情况；在这种情况下，企业需要分开制订传播计划。

例如，某品牌年度营销计划是适当减少产品功能，降低产品零售价，以此拓展三线市场，并新增企业对企业（Business to Business, B2B）类型渠道，快速渗透市场，增加企业营收。而要实现这样的计划，就需要制订传播计划和建设团队，所以传播计划是营销计划顺利落地的保障之一。

根据上述案例，就需要考虑全国适合的媒体资源与年度投放计划、招商资源的整合利用，促销活动的资源与策划等详细计划，再根据时间、空间、媒体、团队等几大核心因素制订年度传播计划。

（2）核定传播预算

根据传播计划核定传播预算，再根据企业总体经营发展战略，进行预算修正。

企业主要根据年度营销任务，一般会预估年度营业收入，然后按一定比例核算营销费用（每个行业和企业比例不同，一般在5%～15%），营销费用包括业务人员费用、广告传播费、促销费、商超等分销网点费。

因为传播预算是根据年度营销任务估算而得的，因此存在"阶段性视角"的问题，不少企业会从财务的角度进行"预算克扣"，尤其是经历一到两个季度，实际营销数据呈现后，财务部门会根据利润率向总经理办公会提出削减广告传播费用的要求，因此必须要从企业总体经营发展的战略层面统筹考虑传播预算，以进行必要的修正。

例如，某十大名牌热水器企业之一，在行业快速上升期，营销上应该大举进攻，拓展市场，招募更多经销商，匹配更多传播资源，而此时企业考核以利润为导向，紧收广告费，导致企业在最好的时期，错失市场机会；而另一家同等规模的企业，却开始了高举高打的步伐，一跃成为行业第一品牌。

（3）实施整合传播

根据年度营销策略，依照传播计划，选择传播渠道与具体媒体开始进行广告投放。

大中型企业一般会把整合营销传播分为两大部分，即"企业直接投放"的传播，和"地方公关促销类"的传播。"企业直接投放"的传播活动一般由企业品牌管理部门直接与各个媒体对接，主要以凸显品牌与营销战略为目标；而"地方公关促销类"的传播活动则是以各地分公司、办事处为主要执行方，由他们根据区域市场年度分解目标，进行区域传播计划的制订与执行，一般需要报备企业总部获得审批后，方可执行。

实际进行广告投放操作时需要注意以下几点。

① 各类媒体的差异性，可以参考80%主流媒体与20%新媒体结合的尝试性投放逻辑进行广告投放。在投放过程中，遇到传播效果较为凸显的媒体，可进行适当倾斜调整。例如，办公楼电梯间的有声视频广告，可以更好地起到促销的作用。

② 不同的媒体对营销的功能是不一样的。例如，央视广告的投放，具有"定军心"的作用，是"占高位、树形象"，可以吸纳更多加盟商和从业者，其功能是开拓市场和稳定经销商，这些作用要大过其对具体产品销售的作用。

③ 尽可能把广告投放到优质媒体，因为优质媒体的效果远大于一般媒体，因为媒体价格与功能不是线性走势，同样是一块广告牌，核心商圈的大幅面广告牌和分散在各个小区的社区通告牌的传播效果是完全不同的。

④ 尽量长期投放可以形成品牌积累的形象广告，而不要长期投放促销类广告，这对品牌形象影响较大。

⑤ 尽量保持形象长期统一，才会形成较好的记忆效果。

（4）监控与总结，及时修正与调整

执行投放计划后需要持续监控与总结。人员方面一般需要设置媒介总监、直投传播计划管理、地方传播计划管理。可要求媒介执行方和第三方进行监控，并及时与当地经销商、营销人员进行沟通，了解广告投放的效果，形成数字报告，为下一阶段的广告投放做准备。

企业自行投放广告的媒体，广告商要提供播出或刊登证明材料，对播出或刊登的环境进行必要的监控。

有些机场、高铁站、临近城市的高速路段的广告牌非常受欢迎，但也出现了广告位扎堆的情况，这时就需要进行审核与监控，投放前期的审核着重考虑广告牌的"必须关注度"，在人流量大的场所，被关注度越低，投放的价值就越低，广告投放不能以低成本为标准，因为效果不是成线性下降的，而是断崖式下降的。另外还需要注意广告环境，对容易污损的广告位、已经大面积或长时间刊登与自身品牌"不相容"的广告位，应尽量避免在其上发布广告。

5. 整合营销活动策划

品牌推广的方式不仅局限于广告的投放传播，各类线上线下的营销推广活动也是非常必要的。企业年度营销目标可以按季度分解、按月分解、按周分解直至具体到每个活动上。与整合营销传播一样，营销活动的开展也分为企业总部制定的全国性活动和各地分公司/办事处开展的区域性活动。不管是企业总部层面开展的全国性活动，还是各地分公司/办事处开展的区域性活动，都需要制定活动策划方案后再进行实施。

一份完整的整合营销活动策划方案一般包括市场分析、营销策略、营销方案、管控要求。

（1）市场分析

市场分析指对整合营销活动开展的市场形势、消费需求、竞争状况、企业自身资源等情况的分析。市场分析可以为营销策略和营销方案的制定提供决策支持。

（2）营销策略

营销策略指整合营销活动的整体目标、策略内容和进度规划，是整合营销活动的总体设计。

（3）营销方案

营销方案指具体的活动方案，活动方案的撰写要求能落地、可执行，是整合营销活动策划方案中篇幅最多的部分，包括活动目标、活动主题、活动受众、活动形式与内容、活动时间、媒体策略、活动预算、预期效果。

① 活动目标

根据当前的工作需求确定活动目标，活动目标应该符合 SMART 原则，即：具体的（Specific）、可衡量的（Measurable）、可达到的（Attainable）和其他目标具有相关性（Relevant）、有明确的时限（Time-bound）。

活动目标不能笼统地写"提高品牌知名度""提高品牌美誉度"等无法量化的目标，这类目标可以转化为其他具体可量化的目标，例如，如果是线下推广活动可以是日均客流量、客流同比、投诉率、退货率、销售量等，如果是线上活动则可以是关注者数量、访问量、阅读量、评论量、加购率、收藏率、销售转化率、好评率等。

② 活动主题

活动主题是一句简短精练的短语。活动主题要与活动内容相匹配，是对活动内容的高度总结。一般来说，一个整合营销活动往往由多个不同形式的活动组成，所以在一个总主题下，每个子活动还应确定自己的子主题或者活动名称。此外，有创意的活动主题更具有传播力。

③ 活动受众

活动受众即活动的目标人群，应根据活动推广的品牌及产品确定受众。活动受众不一定完全针对目标消费者，有些甚至需要考虑代理商、经销商的合作需求，例如，针对空白区域的招商传播、针对竞争激烈的区域压制性传播、针对起步期市场的稳定经销商"军心"的传播。

④ 活动形式与内容

活动形式指活动的举办方式，如比赛、抽奖、互动、公开课等。活动形式要符合线上平台或者线下终端的特点，要能实现活动的目标。活动内容要表达清楚每一个活动形式具体要做什么，要简单明了以方便活动受众看懂和参加。

⑤ 活动时间

活动时间根据活动的时机确定。企业如果天天搞活动，消费者会产生审美疲劳，就会对企业的活动视而不见，所以活动的开展要选择恰当的时机。例如，企业可以在重要的节假日期间开展活动（如春节、端午节、中秋节、国庆节等），可以借助社会热点事件跟进活动（如世界杯、"双十一"等），企业也可以自创独有的节日活动（如周年庆、外婆家的"外婆节"等）。

活动时间的长短根据所依托的节日长短而定，如国庆节活动可以是 10 月 1 日到 7 日连续 7 天，周年庆可以是周年日前后 3 天，新产品发布会则可以是 1 天。

⑥ 媒体策略

整合营销活动的时间和内容确定后，就要广而告之，让目标消费者知道这个活动即将举行。媒体策略包括媒体选择与传播排期。

媒体选择需要结合目标消费者画像，符合目标消费者信息接收的习惯和喜好。由于不同媒体的功能也各有不同，企业通常应选择多种媒体同时进行传播，达到扩大传播覆盖面、全面造势的效果。

传播排期要注意各媒体的签约时间及广告效果的滞后性带来的影响，因此通常在重要活动节点开始前，提前进行预热和造势。此外，为了巩固活动效果，在活动结束后继续延长一段活动时间，达到趁热打铁、"收割"消费余额的效果。

⑦ 活动预算

活动预算要与活动目标相匹配，一般包括投放费用、场地费用、物料费用、奖品费用、人员费用等。预算项目要具体详细，至少分解为一级、二级指标；预算金额要有依据，可根据活动规模和往期投放金额进行预估。

⑧ 预期效果

预期效果需要根据本次活动目标进行预估，预估效果就是本次活动的关键绩效指标，执行时要努力达到。

（4）管控要求

活动的执行需要全面推进与管控，以确保活动执行的质量。

① 确定管控负责人。管控负责人包括组长和组员等，在大中型企业的全国性整合营销活动中，各地分公司/办事处都需要一组管控人员。

② 确定管控要点。管控要点根据活动内容具体确定，活动的形式和内容不同，管控要点就会不同，但总体来说，包括执行过程监控和效果监控两大类型。例如，供应商洽谈、传播媒体签约、商品备货、奖品筹备、场地准备等进度管控属于过程监控的内容；每日客流、关注量、转发量、加购量等指标监控属于效果监控的内容。

③ 确定管控节点。管控节点指完成影响活动执行进度和效果的重要事项的时间节点，如媒体签约完成时间、宣传物料制作完成时间、场地布置完成时间、安全预案及安全检查完成时间等。

④ 每日推进与数据跟踪。可制作使用"项目执行进度表"，方便每天按照计划推进工作，要有"当日事当日毕"的意识，以防止因为某项工作没完成而影响其他工作的顺利推进。可制作使用"指标监控进度表"，对预期效果进行指标分解，从而方便数据跟踪，如果未达到预期效果，应及时总结原因并采取措施，如及时调整投放策略等，来保证最终活动效果的实现。

⑤ 考核通报与总结。整合营销活动的周期一般比较长，在活动的重要时间节点及活动结束后进行考核通报与总结，一是起到针对管控结果的策略调整作用，二是起到对人员状态的调整和团队激励的作用，此外，也为企业下一次的整合营销活动提供经验和教训，有利于企业年度营销目标的实现。

四、品牌危机公关

1. 什么是危机公关

公关是指公共关系，是一项品牌管理职能，指通过一系列行为来获得公众的认可或谅解。公共关系的核心是声音的制造与平息，因此与媒体紧密相连。例如，某品牌需要发布一款产品，就需要设定相关活动，然后通过各种媒体将发布会的信息进行传播，以此谋求公众认可。

危机公关指机构或企业在经营过程中，遇到了与公众认知不一致的言论和行为，为避免或者减轻这种不一致的"冲突"所带来的损害和威胁，品牌管理机构需要制定和实施一系列措施，将品牌声誉的受损程度降到最低。危机公关是维护品牌美誉度和忠诚度的重要方式。

2. 处理品牌危机公关的原则

（1）真诚的态度是核心

品牌危机公关的原则是第一责任人真诚的态度，因此企业负责人或该事务第一责任人，要有勇气和责任站出来，真诚表达过失，接受公众的批评与监督，并制定补救措施，查找真实原因，然后及时公布。

（2）速度决定影响面

品牌危机公关的速度与危害程度成反比，越快速真诚地处理，危害程度就越低，因此这就需要看企业内部的公关机制，是否有专业部门或者专人负责、危机事件的处理流程、对媒体舆论导向控制力等因素都会影响品牌危机公关的效果。

（3）冷处理是必要的方式

一旦人们遇到与之前的认知相悖的事情，往往会表现得较为激动，因此诸多不法分子或者竞争对手也会利用人们这种愤愤不平的心理，在各种公开网络媒体进行"搅局"。因此品牌危机公关需要企业等公众平静后再深入调查真实原因，然后及时公布。在调查过程中，企业需要集中发布该品牌的一些正面信息，与爆发的负面信息相互抵消。等公众慢慢平静之后，再将调查结果进行公布，最后可根据实际情况对网络媒体上的负面信息进行一一处理。

国牌风采

阴霾"易"褪去，光芒破"云"来
——传播中华故事 · 企业破危有方

【关键词】创新意识；社会责任；遵纪守法

2021年11月30日，国务院办公厅发布《关于全面加强新时代语言文字工作的意见》（国办发〔2020〕30号），提出要加强语言文明教育，强化对互联网等各类新媒体语言文字使用的规范和管理，坚决遏阻庸俗暴戾网络语言传播，建设健康文明的网络语言环境。这标志着网络信息传递与用语逐步进入正规化管理。

2020年，"网抑云音乐"这个关键词频繁出没在社交网络上。"网抑云"音乐由一个谐音演变成"流行梗"，针对这一现象及网上的讨论，网易云音乐作出了"拒绝无差别网抑云"的回应，推出"抱抱"彩蛋、"云村治愈所"等功能，让评论区更显温度，打破陌生人之间的情绪孤岛。用音乐的力量治愈青年，向大众传递每种情绪都是真的态度，包容每一个借音乐表达心声的个体。

回看网易云音乐此次的危机公关，立足于产品的独特创造力，以"抱抱"彩蛋和"云村治愈所"传递温暖，用云村治愈计划引导正向的社区氛围，将品牌舆情的"危"转变为品牌塑造正向形象的"机"。

自学自测 ↓

一、单选题

1. 品牌推广的作用是（　　　）。
   A. 打造品牌的知名度　　　　　B. 打造品牌的美誉度
   C. 打造品牌的忠诚度　　　　　D. 以上选项全部包括

2. 横向渠道结构指（　　　）。
   A. 渠道的层级　B. 渠道的数量　C. 短渠道　　　D. 长渠道

3. 对于老产品和成熟市场，企业应该选择的策略是（　　　）。
   A. 市场渗透　　B. 开发新品　　C. 市场拓新　　D. 多样化

4. 天猫商城属于（　　　）。
   A. 交易型电商平台　　　　　　B. 内容型电商平台
   C. 社交型电商平台　　　　　　D. 去中心化电商平台

5. 以下不属于传统媒体的是（　　　）。
   A. 产品宣传册　B. 微博　　　C. 电视　　　　D. 户外视频

二、多选题

1. 营销渠道的职能包括（　　　）。
   A. 订货　　　　B. 结算　　　C. 配送　　　D. 生产

2. 以下属于窄渠道优势的有（　　　）。
   A. 渠道之间冲突小　　　　　　B. 产品分销面广
   C. 渠道利润集中　　　　　　　D. 市场易于管控

3. 整合营销传播就是（　　　）。

    A. 用一种声音　　　　　　　　B. 传播一个形象

    C. 形成一个认知　　　　　　　D. 面对一个客户

4. 新媒体的特点包括（　　　）。

    A. 更新速度快　　　　　　　　B. 互动性

    C. 多元化　　　　　　　　　　D. 信息量大且精准

5. 整合营销活动策划方案的内容包括（　　　）。

    A. 市场分析　　B. 营销策略　　C. 营销方案　　D. 管控要求

三、判断题

1. 渠道设计的核心宗旨是以消费者为导向，以企业资源为标准。（　　　）

2. 大型专用技术型产品、需要较强的售前售后顾问服务的产品适合长渠道。（　　　）

3. 交易平台上的店铺可以用来树立品牌与产品形象。（　　　）

4. 品牌广告应尽可能投放到优质媒体。（　　　）

5. 品牌危机公关应真诚表达过失。（　　　）

四、简答题

1. 简述渠道设计的原则。

2. 简述安索夫模型下不同产品和市场组合的渠道策略。

3. 简述整合营销传播的宗旨。

4. 简述整合营销活动策划方案中，营销方案的主要内容。

5. 简述品牌危机公关的原则。

课中实训

👤 他山之石

蓝章策划——帝标沙发的整合营销传播

帝标沙发原本是经营泛家居的企业，经过战略调整，聚焦沙发产品。帝标沙发品牌定位为："倡导客厅闲适主义的沙发品牌"。其广告语直接采用"帝标沙发，舒服到家"，价值表达清晰且传播顺口；然后，从产品层面策划"云触感"作为支撑，以形成完善的定位体系。

在整合营销传播上，根据年轻消费者的真实生活状态，进行针对性策划传播，与年轻消费者产生同频共振。帝标沙发以传递清闲、安逸、自由的生活方式为核心价值主张。

想一想

如果你是帝标沙发品牌经理，你将如何规划帝标沙发的传播体系？你将设计哪些活动进行品牌推广？

帝标沙发品牌
推广

实训一　营销渠道设计

任务一　设计营销渠道结构

任务描述：学生以小组为单位，沿用本小组在项目二中创建的品牌（或者使用老师指定的某个品牌），针对品牌的特点和目标消费者的购买习惯，根据渠道设计的原则，对其营销渠道的结构进行设计，画出营销渠道结构图并说明原因。请将研究结果做成展示 PPT，并将要点记录在表 5-4 中。

表 5-4　设计营销渠道结构

研究目标	研究结果
营销渠道结构图	

续表

研究目标	研究结果
纵向渠道结构设计结果及原因分析	
横向渠道结构设计结果及原因分析	

任务二 渠道策略制定

任务描述：学生小组根据安索夫模型，分析品牌目前的产品状态和市场状态，制定合适的营销策略和渠道策略。请将研究结果做成展示PPT，并将要点记录在表5-5中。

表5-5 渠道策略制定

研究目标	研究结果			
标出品牌在安索夫模型中的位置	模型		老产品	新产品
	市场	成熟市场	市场渗透	开发新品
		新市场	市场拓新	多样化
营销策略及渠道策略分析				

实训二　整合营销传播

任务一　整合营销传播媒介选择

任务描述：学生以小组为单位，根据品牌及其产品的目标消费者，使用整合营销传播媒体知识和传播宗旨，选择恰当的传播媒介并陈述理由。请将研究结果做成展示 PPT，并将要点记录在表 5-6 中。

课中实训

表 5-6　传播媒介选择

研究目标		研究结果
传播媒介选择	传统媒体	
	新媒体	
选择理由	传统媒体	
	新媒体	

任务二　整合营销活动策划

任务描述：学生小组为品牌设计一份完整的整合营销活动策划方案。请将研究结果做成 Word 文档，要求有封面、目录、页码，并将要点记录在表 5-7 中。

表 5-7　整合营销活动策划方案

研究目标	研究结果
一、市场分析	（一）市场形势 （二）消费需求 （三）竞争状况 （四）企业自身资源
二、营销策略	（一）整体目标 （二）策略内容 （三）进度规划
三、营销方案	（一）活动目标 （二）活动主题 （三）活动受众 （四）活动形式与内容 （五）活动时间 （六）媒体策略 1. 媒体选择 2. 传播排期 （七）活动预算 （八）预期效果
四、管控要求	（一）确定管控负责人 （二）确定管控要点 （三）确定管控节点 （四）每日推进与数据跟踪 1. 项目执行进度表 2. 指标监控进度表 （五）考核通报与总结

实训三　品牌危机公关策划

任务一　辨识公关危机事件

任务描述：学生以小组为单位，认真阅读、倾听其他小组设计的整合营销活动策划方案，采取小组配对方式（或其他交叉方式），在其整合营销活动范畴内，互相提出一个可能发生的不良事件，形成品牌公关危机。请将研究结果做成展示PPT，并将要点记录在表 5-8 中。

表 5-8　公关危机事件

研究目标	研究结果
目标小组组号	
目标小组营销活动	
品牌公关危机事件设计	

163

任务二　解决品牌公关危机

　　任务描述：学生小组针对自己接受的品牌公关危机事件处理任务，根据处理品牌危机公关的原则，设计处理该品牌公关危机的方式和步骤。请将研究结果做成展示 PPT，并将要点记录在表 5-9 中。

表 5-9　品牌公关危机事件处理

研究目标	研究结果
本小组接受的品牌公关危机事件处理任务	
处理方式和步骤	

课中实训

复盘反思 ↓

1. 知识盘点：通过对品牌推广项目的学习，你掌握了哪些知识点？请画出思维导图。

2. 方法反思：在完成本项目学习和实训的过程中，你学会了哪些分析和解决问题的方法？

3. 行动影响：在完成本项目学习和实训的过程中，你认为自己还有哪些地方需要改进？

课中实训

实训项目评价 ↓

技能点评价表

使用说明：

按评价指标评价项目技能点成绩，满分为100分。其中，作品文案为80分，展示陈述为20分。教师评价占比为40%，企业评价占比为40%，学生互评占比为20%。

技能点评价指标		分值	得分
作品文案	渠道结构设计的合理性	10	
	渠道策略设计的合理性	10	
	传播媒体选择的合理性	10	
	整合营销活动策划方案的完整性	10	
	整合营销活动策划方案的逻辑性	10	
	整合营销活动策划方案的创新性	10	
	品牌公关危机处理的合理性	10	
	内容的原创性（不可过多陈述企业现有的成就和做法）	10	
展示陈述	演讲专业程度（包括视觉辅助工具的使用，如PPT、Word等）	5	
	语言技巧和非语言技巧	5	
	团队合作配合程度	5	
	时间分配	5	

素养点评价表

使用说明：

按评价指标评价项目素养点成绩，按优秀5分、良好4分、一般3分、合格2分、不合格1分5个等级评价。分为学生自评与小组成员互评。

素养点评价指标		得分
自评	团队精神和协作能力：能与小组成员合作完成项目	
	沟通交流和理解能力：能良好表达自己的观点，善于倾听他人的观点	
	信息素养和学习能力：善于搜集借鉴有用资讯和好的思路想法	
	独立思考和创新能力：能提出新的想法、建议和策略	
	品牌意识和责任精神：核心价值、意识信念与时代精神的提升	

续表

素养点评价指标		得分
组员 1	团队精神和协作能力：能与小组成员合作完成项目	
	沟通交流和理解能力：能良好表达自己的观点，善于倾听他人的观点	
	信息素养和学习能力：善于搜集借鉴有用资讯和好的思路想法	
	独立思考和创新能力：能提出新的想法、建议和策略	
	品牌意识和责任精神：核心价值、意识信念与时代精神的提升	
组员 2	团队精神和协作能力：能与小组成员合作完成项目	
	沟通交流和理解能力：能良好表达自己的观点，善于倾听他人的观点	
	信息素养和学习能力：善于搜集借鉴有用资讯和好的思路想法	
	独立思考和创新能力：能提出新的想法、建议和策略	
	品牌意识和责任精神：核心价值、意识信念与时代精神的提升	
组员 3	团队精神和协作能力：能与小组成员合作完成项目	
	沟通交流和理解能力：能良好表达自己的观点，善于倾听他人的观点	
	信息素养和学习能力：善于搜集借鉴有用资讯和好的思路想法	
	独立思考和创新能力：能提出新的想法、建议和策略	
	品牌意识和责任精神：核心价值、意识信念与时代精神的提升	
组员 4	团队精神和协作能力：能与小组成员合作完成项目	
	沟通交流和理解能力：能良好表达自己的观点，善于倾听他人的观点	
	信息素养和学习能力：善于搜集借鉴有用资讯和好的思路想法	
	独立思考和创新能力：能提出新的想法、建议和策略	
	品牌意识和责任精神：核心价值、意识信念与时代精神的提升	
组员 5	团队精神和协作能力：能与小组成员合作完成项目	
	沟通交流和理解能力：能良好表达自己的观点，善于倾听他人的观点	
	信息素养和学习能力：善于搜集借鉴有用资讯和好的思路想法	
	独立思考和创新能力：能提出新的想法、建议和策略	
	品牌意识和责任精神：核心价值、意识信念与时代精神的提升	

课中实训

课后提升

案例一 蓝章策划——鹿丫丫的渠道与运营建议

鹿丫丫的产品是长效杀菌卫生湿巾，而母公司是 B2B 类型企业，并没有 C 端渠道可以借力，因此需要新建渠道。而湿巾产品的线上渠道销售额逐年增加。相较于传统杀菌湿巾市场，鹿丫丫长效杀菌卫生湿巾属于创新的细分品类，这类新品在电商平台销售更为合适，另外以抖音为首的直播平台也日益成熟，因此根据企业实际情况、竞争环境，以及精准目标消费者，蓝章策划建议鹿丫丫以天猫和抖音为核心渠道，以母婴社群、社区团购、拼多多为补充型渠道。

鹿丫丫的定位是长效杀菌卫生湿巾，其核心优势是中科院的长效配方，但这种配方并非独家授权，而是可以公开销售的，只是目前没有湿巾厂家将该技术引入。因此，鹿丫丫需要蓄势而发，在短时间内快速铺开，形成一定声量和销量，稳固"长效杀菌"的产品定位！

请用手机扫描下列二维码获取蓝章策划对鹿丫丫的渠道与运营建议。

鹿丫丫的渠道与
运营建议

思考题

为什么天猫和抖音是鹿丫丫的核心营销渠道？

_____

_____

案例二 蓝章策划——宏济堂阿胶雪梨膏的渠道设计

营销学有个观点，通俗讲就是人在哪，产品就放在哪。宏济堂阿胶雪梨膏的目标消费者确定为 20～50 岁中经常用嗓的职场女性，她们共同的状态表现为用嗓过度带来的嗓子不舒服，以及讲话太多导致伤元气、身体经常乏力。

因此，宏济堂阿胶雪梨膏的渠道第一选择是连锁药店，以保证高利润空间；第二选择是社群分销，例如，有赞全员微店，构建二级分销机制等；第三选择是进驻天猫和京东电商平台；第四选择是开发定制团购业务，选择员工用嗓较多的企业，

课后提升

作为礼品或福利；第五选择是定制礼品型产品，进驻大型商超，作为保健品和礼品。

请用手机扫描下列二维码获取蓝章策划对宏济堂阿胶雪梨膏的渠道设计。

宏济堂阿胶雪梨
膏的渠道设计

思考题

为什么连锁药店是宏济堂阿胶雪梨膏产品最合适的营销渠道？

案例三　海底捞的品牌公关危机处理

海底捞对每次公关危机的处理都相当成功。身陷"老鼠门"事件后的反应，堪称是餐饮界公关中相当经典的公关危机处理案例。

2017年，记者暗访海底捞两家门店发现，老鼠在后厨乱窜、打扫卫生的簸箕和餐具同池混洗、火锅漏勺用来掏下水道，之后这些情况在《法制晚报·看法新闻》中被曝光，在微博上被消费者热议。

事件被曝光后，海底捞在3小时内迅速作出反应。网友将海底捞的反应归纳为："这锅我背，这错我改，员工我养"。

首先，迅速反应。在事件曝光第一时间发出公关声明；在声明中，正面承认了事实；在态度上，诚恳认错，有担当，不推脱。

其次，内外暖人心。针对消费者，海底捞以诚恳的姿态安抚消费者情绪，争取宝贵的声明时间，并且声明之后立马整治，配合整改；声明列出具体负责人，董事到员工毫无遗漏。针对员工，安抚涉事员工的恐慌情绪，要求按制度整改，公司来承担主要责任。

海底捞此次危机处理，不但在品牌层面没有造成实际损失，反而在社交平台"圈粉"无数，网友一度为海底捞"硬核"担责的态度点赞。

思考题

海底捞本次公关危机处理能有如此迅速且正确的反应的深层次原因是什么？